SPEED

Die SCHNELLSTEN Dinge der Welt

Annette Maas

arsEdition

INHALT

Einleitung:
GESCHWINDIGKEIT

Geschwindigkeit hängt immer von anderen Dingen ab, von einem bestimmten Bezugssystem. Wie ist es, wenn wir ruhig am Schreibtisch sitzen, bewegen wir uns dann eigentlich? In unserer Wahrnehmung nicht, allerdings bezogen auf den Planeten Erde schon. In diesem Bezugssystem drehen wir uns mit der 1,3-fachen Schallgeschwindigkeit im Kreis, das ist die Erddrehung, gleichzeitig bewegt sich die Erde mit rund 108 000 km/h um die Sonne. Wir sind also, obwohl wir ruhig auf einem Stuhl sitzen, sehr schnell unterwegs.

Fazit: Geschwindigkeit bezieht sich immer auf einen Bezugspunkt und ist keine absolute Geschwindigkeit, denn in unserem gesamten Umfeld gibt es nichts, das eine absolute Geschwindigkeit von null hat. Ist es schnell, wenn sich Australien pro Jahr fünf Zentimeter an China annähert oder im gleichen Zeitraum eine Sanddüne 200 Meter wandert? Bedenkt man, dass es sich um einen ganzen Kontinent und eine riesige Menge Sand handelt, die sich da bewegen, dann ist das sehr schnell. Ein Auto, das heute eine Spitzengeschwindigkeit von 80 km/h fährt, über das lächeln wir nur müde. Handelt es sich aber um ein Solarauto, dann ist diese Geschwindigkeit schon ein Rekord. In diesem Buch sind viele verschiedene Rekorde und spannende Fakten zum Thema Geschwindigkeit zusammengetragen worden. Ob es die hohen oder die niedrigen Zahlen sind, die beeindrucken, das kann jeder für sich entscheiden.

VÖGEL: Die guten Läufer

Coole Füße

Kaum zu glauben, aber wahr: Je blauer die Füße eines Blaufußtölpel-Männchens sind, desto attraktiver finden ihn die Weibchen. Deshalb stolziert der Tölpel zur Balzzeit vor den Damen umher und zeigt ihnen immer einen seiner coolen Füße nach dem anderen.

Der Kleine

Dieser Vogel kann zwar fliegen, aber erst am Boden ist er ein kleiner Flitzer! Der Wegekuckuck (*Geococcyx californianus*), der auch Großer Rennkuckuck genannt wird, erhebt sich nur in die Luft, wenn er wirklich muss, also wenn ein Fressfeind hinter ihm her ist. Ein guter Flieger ist er nicht! Aber er kann bis zu 42 km/h schnell laufen. Der hin und her flitzende Vogel sieht so lustig aus, dass er die Vorlage für die bekannten »Road Runner«-Cartoons und -Animationsfilme war.

Wenn das Laufen nervt

Wenn Pinguine schneller an Land unterwegs sein wollen als mit ihrem Watschelgang, dann legen sie sich auf den Bauch und schlittern so über die Schneedecke. Sie stoßen sich jeweils mit einem ihrer Füße ab und halten mit den Brustflossen das Gleichgewicht.

Sprichwort: Es heißt ja, der Vogel Strauß steckt bei Gefahr seinen Kopf in den Sand. Das stimmt nicht! Gerade dann läuft er mit großer Geschwindigkeit davon.

Der Große

Der Afrikanische Strauß (*Struthio camelus*) ist der schnellste flugunfähige Läufer unter den Vögeln. Er kann eine Geschwindigkeit von 72 km/h laufen, wobei er auf kurzen Strecken wahrscheinlich bis zu 95 km/h schafft. Doch er hält weit mehr Rekorde: Er ist mit einer Größe von bis zu 2,75 m und einem Gewicht von bis zu 150 kg der größte und schwerste Vogel. Seine Augen, die einen Durchmesser von ca. 5 cm haben, sind die größten aller Landwirbeltiere.

Beinrekord

Von allen Vögeln haben die Mauersegler (*Apus apus*) die kürzesten Beine. Zehn bis zwölf Millimeter messen sie, inklusive der Zehen.

Übrigens: Mauersegler können im Flug schlafen!

BERG-
Rekorde

Bergbahn-Rekord

Die schnellste Seilbahn der Welt, der Vanoise Express, fährt nicht einen Berg hinauf, sondern verbindet zwei Skigebiete über ein Tal hinweg miteinander. 12,5 m/s schafft die Gondel, selbst wenn sie mit bis zu 200 Skifahrern voll besetzt ist.

Alle 14 Achttausender

Im August 2011 erfüllte sich mit der Besteigung des K2 der große Traum der österreichischen Bergsteigerin

Gerlinde Kaltenbrunner. Sie hatte als erste Frau alle 14 Achttausender ohne zusätzliche Sauer-

stoffversorgung bestiegen. Der Erste, dem diese Höchstleistung gelang, war Reinhold Messner.

Mount Everest

Pemba Dorjee hat als soge-
nannter Höhensherpa den
Mount Everest immer wieder
bestiegen. Höhensherpas tragen ab dem letzten Basislager
die Lasten der Expeditionen
auf den Berg. Am 21. Mai
2004 gelang ihm die schnellste
Besteigung des Gipfels vom

Basislager aus
in 12 Stunden
und 45 Minu-
ten. »Norma-
le« Bergstei-
ger brauchen
für diese Stre-
cke ungefähr
eine Woche.

Patrouille des Glaciers

Dieses Bergrennen quer durch
die Schweizer Alpen gilt als
das schwerste der Welt. Seit
1943 treten sogenannte Pa-
trouillen aus jeweils drei Ath-
leten gegeneinander an. Bewältigt werden müssen auf
der Strecke von Zermatt nach
Verbier 100 km und 4000
Höhenmeter.

Eiger

Der Eiger ist ein legendä-
rer Berg. Durch seine über
1800 m hohe Nordwand
wurde er zum Mythos und
galt als gefährlich und un-
berechenbar. Vor der ers-
ten Durchsteigung im Juli
1938 waren bereits neun
Bergsteiger in der Wand
ums Leben gekommen.
Dani Arnold ist es am 20.
April 2011 gelungen, sie
in zwei Stunden 28 Minu-
ten zu durchsteigen. Da-
mit hat er den Rekord sei-
nes Vorgängers um
20 Minuten unterboten.

Zum Vergleich: Die Erst-
besteigung der Wand im Juli 1938
von Heckmair, Vörg, Harrer und
Kasparek dauerte drei Tage.

Die schnellsten
LANDTIERE

Rekord-Reptil

Das schnellste Reptil ist der Schwarzleguan (*Ctenosaura similis*) mit bis zu 35 km/h.

Er lebt in Mittelamerika auf Bäumen oder der Erde. Die jungen Tiere sind noch ganz

grün. Erst später nimmt er die charakteristische graue oder schwarze Färbung an.

Auf Platz zwei

Das zweitschnellste Landtier ist der Gabelbock (*Antilocapra americana*). In der Ebene läuft er 70 km/h. Saust er aber bergab, dann können es bis zu 90 km/h werden. Der Lebensraum der Gabelböcke ist die offene Prärie. Deshalb müssen sie über lange Strecken vor Feinden, wie Wölfen oder Kojoten, fliehen. Sie halten dabei ihre Höchstgeschwindigkeit fast 1,5 km lang durch. 65 km/h sogar über eine Strecke von 10 km!

Das Rote Riesenkänguru (*Macropus rufus*) macht Sprünge mit bis zu 9 Metern Weite und schafft eine Geschwindigkeit von 60 km/h.

Keiner mag sie

Die meisten Menschen ekeln sich vor Kakerlaken. Sie einzufangen, ist schwierig, obwohl sie nur 5,5 km/h schnell sind! Würde man das aber auf die Körpergröße eines Menschen umrechnen, müssten wir 330 km/h laufen!

Der Sprintweltmeister

Unbestrittener Geschwindigkeitskönig ist der Gepard (*Acinonyx jubatus*) mit bis zu 102 km/h auf kurzen Strecken. Seine Beschleunigung beträgt 3 bis 5 Sekunden auf 100 km/h. Der elegante Läufer erreicht diese Schnelligkeit durch eine große Schrittlänge von bis zu 8 m und eine hohe Schrittfolge von bis zu drei Schritten in der Sekunde. Während der Jagd steuert er schnelle Wendemanöver mit seinem langen Schwanz aus.

Kurzstrecke: Die Geschwindigkeit von 100 km/h hält die Raubkatze maximal 500 m durch. Der Körper des Tiers würde sich auf einer längeren Strecke zu stark überhitzen.

Rasante LAND-MASCHINEN

Porsche-Traktor

Lange bevor der Porsche 911 9ff einen Rekord für straßenzugelassene Fahrzeuge schaffte, mit immerhin 388 km/h, rollte der letzte Traktor von Porsche vom Band, der immerhin 25 km/h fuhr. Das war 1963. Eine Zäsur für das Unternehmen, das ab diesem Zeitpunkt ganz klar auf Geschwindigkeit setzte.

Traktor-Raser

Traktoren werden auf der Landstraße überholt und sind ein gemütliches Fortbewegungsmittel? Nicht immer! Der Geschwindigkeitsrekord für Traktoren wurde 2015 auf einer schneebedeckten Straße in Nordfinnland gefahren: Juha Kankkunen, der mehrfache Rallye-Weltmeister, versuchte sich zum ersten Mal an einem Hochgeschwindigkeitstest mit einem Traktor und fuhr 130,165 km/h.

Muskelprotz

Mit reiner Muskelkraft geht es auch: Nicht nur benzingetriebene Monstermäher können sensen, die Landwirte können es auch. Es gibt sogar eine Handmäh-Europameisterschaft. Die Besten mit der Sense schaffen eine 100-m²-Wiese in zweieinhalb Minuten.

Geballte Kraft: 109 PS hat der »Rekord-Rasenmäher«, ausgerüstet mit einem Motorradmotor, der über 6000 Euro kostet.

Rekord-Rasenmäher

Der schnellste Rasenmäher der Welt ist schneller als mancher Kleinwagen. Der sogenannte »Mean Mower« von Honda fuhr 187,6 km/h, allerdings nicht in einem Garten, sondern auf einer Rennstrecke in der Nähe von Barcelona. Mähen kann er auch, allerdings nur mit 25 km/h, womit er aber schon deutlich schneller ist als handelsübliche Mähmaschinen. Dann senst er mit seinen Messern, die sich 4000-mal pro Minute drehen, eine 122 cm breite Schneise in das Gartengrün.

Reifenrekord

Der größte Traktorreifen kann 10600 kg tragen, ist 90 cm breit und 2,32 m hoch. Das Gewicht von Traktoren steigt seit Jahren stetig, eine Herausforderung für die Reifenhersteller, da die Reifen den Ackerboden schonen sollen.

VÖGEL: Turbo-Flieger

Sturzflug

Für die Raubvögel ist es sehr wichtig, hohe Geschwindigkeiten zu erreichen: Nur so erlegen sie genügend Beute für sich und ihren Nachwuchs! Am schnellsten ist der Wanderfalke (*Falco peregrinus*). Im Sturzflug wurden bei diesem Vogel Spitzen von 389 km/h gemessen. Damit ist er nicht nur der Schnellste im Sturzflug, sondern der schnellste Vogel überhaupt.

Flinke Flügel

Den schnellsten Flügelschlag hat ein Winzling: ein Kolibri mit dem schönen Namen Sonnenstrahlelfe (*Heliactin bilophus*). Der kleine Vogel schafft es, in der Sekunde bis zu 90-mal mit seinen Flügeln zu schlagen.

Vogel des Jahres: Dieser Falke war der erste Vogel, der zum »Vogel des Jahres« ernannt wurde, da er in den 1970er-Jahren vom Aussterben bedroht war.

Brasil 81

7,00

Eiskalte Schwimmer

Beim Eselspinguin (*Pygoscelis papua*) ist der Name Programm: Seine

Schreie sind denen eines Esels zum Verwechseln ähnlich. Beim Schwimmen und

Tauchen lässt der drittgrößte Pinguin seine Verwandten weit hinter sich: Mit bis zu

36 km/h rasen die Vögel durch das eisige Salzwasser ihres Lebensraums Antarktis.

Streckenflieger

Obwohl ihr Körper ein bisschen plump wirkt und bei den großen Vögeln bis zu 3 kg schwer werden kann, ist die Eiderente (*Somateria mollissima*) ein hervorragender Flieger. Sie kann ein Tempo von 76 km/h über weite Strecken halten und ist damit der schnellste Streckenflieger. Darüber hinaus kann die Eiderente nach Muscheln bis zu 35 m Tiefe tauchen. Sie schlucken die Muscheln im Ganzen. Zerkleinert werden sie im kräftigen Kaumagen der Tiere.

Flügelrekord

Die größte Flügelspannweite hat der Wanderalbatros (*Diomedea exulans*). Dieser Seevogel ist dafür bekannt, dass er majestätisch durch die Luft gleitet. Keine Kunst bei 3,6 m Flügelspannweite.

MEERESTIERE: Schnelle Schwimmer

Schnell mit Schwert

Der Schwertfisch (*Xiphias gladius*) kann 100 km/h schnell werden und ist damit der zweitschnellste Fisch im Unterwasserreich. Er kann bis zu 650 kg wiegen und eine Größe von 4,55 m erreichen. Der schwertförmig verlängerte Oberkiefer kann bis zu einem Drittel der Gesamtlänge des Fischs ausmachen.

Der Killer

Der Orca (*Orcinus orca*) ist der größte und schwerste unter den Delfinen und er ist der schnellste Meeressäuger. Ein Orca kann bis zu 65 km/h auf einer kurzen Distanz schwimmen. Fälschlicherweise wird der Orca manchmal auch Killerwal genannt. Wahrscheinlich rührt der Name daher, dass der Schwertwal, wie der Orca richtig genannt wird, kleinere Wale auf seiner Speisekarte hat. Von den Fischern wurde er »whale killer« genannt, was dann zu »killer whale« verdreht wurde.

Streckenrekord

Am weitesten schwimmen nicht die Schnellsten, sondern die mit der meisten Ausdauer. Unter Wasser sind das die Grauwale (*Eschrichtius robustus*). Forscher beobachteten ein Grauwal-Weibchen, das ca. 22 000 km schwamm, um zu überwintern.

Der Pfeil

Mit 40 bis 45 km/h steht der Barrakuda (*Sphyrae*) nur an achter Stelle in den Top Ten der schnellsten Fische. Der leicht reizbare Fisch verursacht viele Bisswunden bei Menschen, die später oft Haien zugeschrieben werden.

Rasante Beschleunigung: Die Rostrumspitze des Fischs erreicht bei der Jagd eine Geschwindigkeit von 130 m pro Quadratsekunde. Das wäre beim Auto eine Beschleunigung in viereinhalb Sekunden von null auf 100 km/h.

Der Fächer

Der Fächerfisch (*Istiophorus albicans*) ist der schnellste Fisch mit Spitzengeschwindigkeiten von 75 bis 110 km/h. Interessanterweise nützt er seine Schnelligkeit nicht für die Jagd. Der Fisch mit der verlängerten Schnauze, die das Rostrum genannt wird, pirscht sich an Sardinenschwärme heran und schüttelt dann seinen Kopf so blitzartig, dass die Schnauzenspitze mit einer Geschwindigkeit von ca. 20 km/h auf die Opfer knallt. Entweder erlegt er gezielt eine Sardine, oder aber er quirlt das Wasser so, dass möglichst viele Fische verletzt werden und dann eine einfache Beute sind.

Ungewöhnliche SPEED-REKORDE

Rekordbeschleunigung

Der Bugatti Veyron 16.4 beschleunigt aus dem Stand in 2,46 Sekunden von null auf 100 km/h – dank seiner 16 Zylinder und 1001 PS.

Extremparker

Han Yue, Testfahrer eines bayerischen Autoherstellers, übertrifft jeden Parkassistenten. Im November 2014 parkte er einen Mini in eine Lücke, die nur 8 Zentimeter länger war als das Auto. Dafür rangierte er nicht minutenlang hin und her, sondern setzte mit einem perfekten Drift den Wagen zwischen die beiden anderen. Das dauerte vom Start weg nur 5 Sekunden.

Schneller, als die Polizei erlaubt

In Italien ist das schnellste Polizeiauto der Welt unterwegs: ein Lamborghini Gallardo LP 560-4. Er wird weniger genutzt, um Verkehrssünder zu stellen, sondern um Spenderorgane und Blutplasma zu transportieren. Um das 560 PS starke Gefährt steuern zu können, haben die Beamten eine zweitägige Schulung bei Lamborghini absolviert. Der »Rennwagen« könnte mit 325 km/h Spitzengeschwindigkeit über die Autobahn rasen!

Manche brauchen länger ...

... aber nicht Jolene Van Vugt. Sie hält den Weltrekord für die schnellste Fahrt auf einer Toilette. Über 100 m schaffte die Stuntfrau und Motocross-Fahrerin mit ihrer rasenden Toilette und erreichte einen Topspeed von 75 km/h. Damit ist diese Frau ganz sicher die schnellste auf dem Klo.

Fast Food

Ein rasender Esstisch hat den bisherigen Rekordhalter, ein Sofa, als schnellstes

Möbelstück abgelöst. Der gedeckte Tisch fuhr maximal 209 km/h. Gefahren

wurde er von Perry Watkins, der mit dem flatternden Tischtuch zu kämpfen hatte.

Polizei-Porsche: Ein Porsche 911 Carrera mit 286 PS und einer Höchstgeschwindigkeit von 270 km/h war in Württemberg bis 1996 im Einsatz.

ZU VIEL SPEED!

Rekord-rollschuh

Ein echter Raketenantrieb ist es nicht, das wäre auch zu gefährlich unter den Füßen. In den USA gibt es diese futuristische Fußbekleidung schon. Bis zu 20 km/h schnell kann man damit werden.

Schallgeschwindigkeit

Ein Brite war der Erste, der mit einem Auto bzw. mit einem Bodenfahrzeug die Schallmauer durchbrach. Der erfahrene Kampfpilot Andrew Green steuerte das Thrust SSC, das mehr an einen Düsenjet erinnert als an einen normalen PKW. Das Thrust SSC beschleunigt in 16 Sekunden auf 1000 km/h. Die Spitzengeschwindigkeit, die in der Black-Rock-Wüste in Nevada über eine Meile gehalten wurde: 1227,985 km/h.

Mit einem »normalen« Motorantrieb wäre die Überschallgeschwindigkeit nicht zu erreichen. Die Reifen könnten die Leistung nicht auf den Boden übertragen. Dank Raketenantrieb rollt das Gefährt nur.

Jetman

Jetman, so wird der Schweizer Yves Rossy auch genannt. Vorwärts getrieben wird er bei seinen Flügen von vier Düsentriebwerken. Damit können Geschwindigkeiten bis zu 300 km/h erreicht werden. Die Triebwerke werden sehr heiß, sodass Yves Rossy einen feuerfesten Schutzanzug tragen muss. Bei seinen Flügen startet er aus einem Flugzeug, gesteuert wird mit dem Körper.

Raketenbike

Ein Fahrrad mit Raketenantrieb auszustatten, was für eine Idee! Natürlich wird das Gefährt rasend schnell, bringt es doch nur wenig Gewicht auf den Asphalt. Der Franzose François Gissy hat auf seinem Speed-Bike eine Geschwindigkeit von 333 km/h erreicht. Ohne Probleme hängt dieses Rad einen Ferrari F 430 ab. Angetrieben wird es von konzentriertem Wasserstoffperoxid. Wie sich diese Geschwindigkeit auf einem Fahrrad anfühlt, kann man sich kaum vorstellen.

Zu schnell!

Was passiert, wenn man einen Kleinwagen wie den Mini mit einem Raketenantrieb ausstattet, konnte man im Jahr 2015 eindrucksvoll erleben: Schon bei der ersten Kurve war es vorbei. Zum Glück wurde bei diesem Experiment niemand verletzt.

WELTALL-
Rekorde

Kurze Anreise

Zur Internationalen Raumstation ISS brauchen Astronauten in der Regel zwei Tage. Einer russischen Raumfähre ist es gelungen, die ISS in nur sechs Stunden zu erreichen. Früher mussten 34 Runden um die Erde geflogen werden, bis die Fähre genau an die Station andocken konnte. Bei diesem Flug gelang das Manöver bereits nach vier Runden, dank besonderer Rechner.

Schnellste Raumsonde

Relativ zur Sonne haben sich die Helios-Raumsonden mit der unvorstellbaren Geschwindigkeit von 252 792 km/h (70 200 m/s) bewegt. Helios war ein deutsch-amerikanisches Forschungsprojekt, bei dem die Sonnenumgebung erforscht wurde. Bei diesem Projekt haben die Forscher viel darüber erfahren, wie die Sonne den Weltraum und die Erde beeinflusst.

Der schnellste Planet

Der schnellste Planet in unserem Sonnensystem ist der Merkur.

Er umkreist die Sonne mit 172 248 km/h. Im Vergleich

zur Erde: Merkur reist mit fast der doppelten Geschwindigkeit.

Die Anziehungskraft der Milchstraße kann diesen Stern nicht mehr aufhalten. Solche Sterne werden »Hyperschnellläufer« genannt, nur ein paar Dutzend davon sind bekannt.

Der schnellste Stern

2015 düste den Astronomen der bisher schnellste Stern vors Teleskop. Sein Name: US 708. Gemessen wurde seine Geschwindigkeit vom Astronomischen Institut der Universität Erlangen-Nürnberg. Dass US 708, dessen Heimat der »Große Bär« war, besonders schnell unterwegs ist, wussten die Forscher bereits. Ihre Messungen übertrafen dann aber alles bisher Bekannte: Er rast mit 1200 Kilometern pro Sekunde durchs All.

Rekordeintritt

Tom Stafford, Eugene Cernan und John Young halten den Geschwindigkeitsrekord der bemannten Raumfahrt: Mit 11 107 m/s traten sie mit der Apollo 10 am 26.05.1969 wieder in die Erdatmosphäre ein.

ZWEIRAD-Raser

Stunden-rekord

Wer innerhalb einer Stunde auf einer Radrennbahn die weiteste Strecke fährt, hat diesen Rekord inne. Im Jahr 2015 schaffte Bradley Wiggins genau 54,526 km/h.

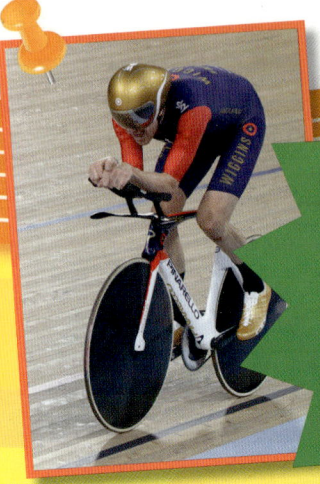

Lack aus der Formel 1

Sebastiaan Bowier, so heißt der Student, der mit einem futuristisch anmutenden Liegerad im Jahr 2013 Weltrekord fuhr: 133,78 km/h. Das Hochgeschwindigkeits-Fahrrad VeloX3 wurde von holländischen Studenten gebaut. Damit der Luftwiderstand möglichst gering ist, hat das Rad eine aerodynamische Hülle. Ein spezieller Lack reduziert den Widerstand noch zusätzlich.

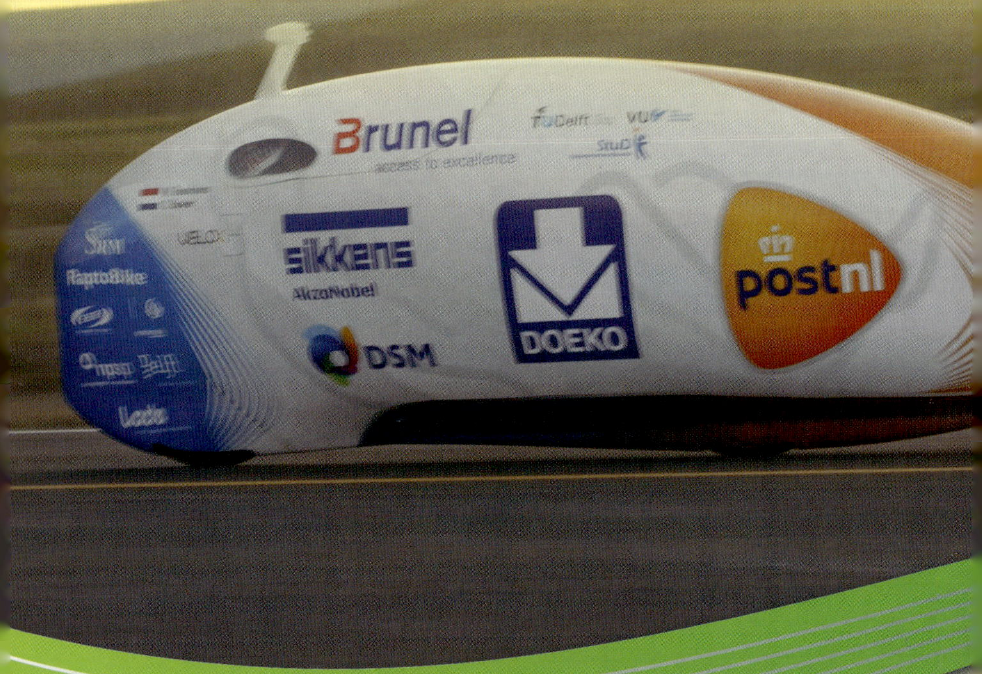

Über 100

In der Altersklasse über 100 Jahre tritt der 102-jährige

Franzose Robert Marchand 2014 gegen sich selbst an

und verbessert seinen Stundenrekord, den er als 100-Jähriger

aufstellte, um mehr als 2,5 km. In einer Stunde fährt er 26,927 km.

Eiskalt abwärts!

Auch dieser Rekord geht auf Markus Stöckl zurück: die schnellste Fahrt mit einem Serienbike auf Schnee im Jahr 2007. In Südamerika, im chilenischen La Parva, gibt es eine Strecke, die für Hochgeschwindigkeitsfahrten präpariert werden kann. Nur sieben Tage waren für die Vorbereitungen nötig. Dann fuhr Markus Stöckl auf der Piste 210,4 m/h.

Vulkan-Abfahrt

Mit einem normalen Serien-Mountainbike raste der Österreicher Markus Stöckl 2011 den Vulkan Cerro Negro in Nicaragua hinunter: Gemessen wurde eine Geschwindigkeit von 164,95 km/h. Die Strecke führt 550 m über Schotter und hat eine Neigung von 45 Grad. Gestartet wird direkt am Kraterrand: Der Cerro Negro ist ein aktiver Vulkan!

Die Umstände: Der Rekord wurde ohne Windschattenspender und auf einer ganz normalen unpräparierten Straße aufgestellt – das ist etwas Besonderes.

Die schnellsten
INSEKTEN

Fliegen-Star

Sie ist unscheinbar, aber jeder kennt sie: die Schwebfliege! Der Star unter den Insekten kann Kunststücke, wie z. B. fliegend auf der Stelle bleiben oder auf dem Rücken fliegen. Sie ist bis zu 25 km/h schnell und beschleunigt mit 15 *g*. Für ihren Körper ein Kraftakt: Düsenjetpiloten werden mit einem Druckanzug bei ca. 9 *g* ohnmächtig.

Rekordschläge

Das Taubenschwänzchen (*Macroglossum stellatarum*) schafft 80 Flügelschläge pro Sekunde, hat einen langen Rüssel und ist ein Schmetterling aus der Familie der Schwärmer.

Häufig wird es mit einem kleinen Kolibri verwechselt!

Flugkünstler

Libellen im Flug zu beobachten, ist einzigartig, sie sind wahre Künstler. Das ermöglicht ihr komplizierter Flugapparat. Jeder Flügel kann einzeln gesteuert werden, sodass im Flug erstaunliche Wendungen vollzogen werden. Vier starke Muskeln treiben die Flügel an. Damit erreicht die Libelle Beschleunigungen bis zu 30 g. Zum Vergleich: In einem Formel-1-Rennwagen wirken Kräfte von 4 g.

Totenkopf geblitzt!

Die Zeichnung auf dem Rücken gibt dem Falter, der eine Flügelspannweite von 13 cm erreichen kann, seinen Namen: Totenkopfschwärmer (*Acherontia atropos*). Die Tiere wirken ein bisschen plump, sind aber hervorragende Flieger. Das sollten sie auch sein, da sie zu den sogenannten Wanderfaltern gehören. Die Wanderer unter den Schmetterlingen fliegen über längere Strecken, um sich am Ziel fortzupflanzen, dort wo es genügend Futter gibt. Bisher ist dieser Falter der schnellste mit 54 km/h.

Das Grauen: In dem Thriller »Das Schweigen der Lämmer« spielt der Totenkopfschwärmer eine wichtige Rolle.

TOP-SPEED auf der Straße

Eis-Fahrt

Natürlich gibt es auch Rekordfahrten auf Eis mit modifizierten straßenzugelasse-

nen PKWs – ein Prestigekampf nicht nur der Autohersteller, sondern auch der Reifenher-

steller. Mit einem Audi RS6 wurde auf der zugefrorenen Ostsee vor Finnland eine

Bestmarke mit 335,710 km/h gesetzt. Gefahren wurde mit Winterspikes.

Der erste Raser

1899 behaupteten Ärzte noch, dass eine Geschwindigkeit über 100 km/h für den menschlichen Körper so schädigend sei, dass er sie nicht aushalten könne. Davon ließ sich der Belgier Camille Jenatzy nicht abhalten. Mit seinem raketenförmigen Elektroauto fuhr er 105,88 km/h. Man stelle sich das vor in einer Zeit, in der die meisten Menschen in Kutschen fuhren. Sein Gefährt nannte er »Die niemals Zufriedene«.

Bei den schnellsten Serienfahrzeugen ist dieses Kraftpaket immer ganz vorne mit dabei: der Bugatti Veyron. Der 16.4 Super Sport fuhr 2010 eine Höchstgeschwindigkeit von 431,072 km/h und kam damit ins »Guinness-Buch der Rekorde«.

Für immer dein

Seit 47 Jahren hat Irving Gordon seinen Volvo P1800 S. Nun hat dieses ungewöhnliche Paar gemeinsam die Drei-Millionen-Meilen-Marke geknackt, umgerechnet 4,83 Millionen Kilometer!

Dauerhafter Rekord

432,692 km/h war die höchste Geschwindigkeit, die je auf einer öffentlichen Straße gefahren wurde. Erzielt wurde der Rekord auf der Autobahn zwischen Frankfurt und Darmstadt und ist seit 1938 ungeschlagen. Gefahren wurde der Silberpfeil mit 736 PS vom damaligen Chefpiloten der Firmen-Rennabteilung: Rudolf Caracciola. Für die Rekordfahrt bekam der Wagen eine aerodynamisch optimierte Karosserie.

Nicht nur schön: Derart stromlinienförmige Fahrzeuge waren zur damaligen Zeit keine Seltenheit. Sie wurden auch in den Rennen eingesetzt.

MÄNNER: Spitzen-leistungen

Der Bahnrad-sportler

Das Hilfsmittel ist ausgeklügelt im Bahnradsport, trotzdem wird es nur von der Muskelkraft angetrieben. Mit einem fliegenden Start schaffte Kévin Sireau 200 m in 9,57 s, das entspricht einer durchschnittlichen Geschwindigkeit von 75,2 km/h.

Der Sprinter

Usain Bolt ist über 100 und 200 m unglaublich schnell. Seine Bestmarke über 100 m sind 9,58 s, der derzeitige Weltrekord, und über 200 m 19,19 s. Trotz seiner sportlichen Höchstleistungen wirkt dieser Athlet immer locker. Der Jamaikaner, der sechsmal olympisches Gold gewonnen hat, gilt als bester Sprinter aller Zeiten.

Der Schwimmer

Das Wasser bietet dem Schwimmer einen großen Widerstand. Umso erstaunlicher sind die Geschwindigkeiten, die dort erzielt werden können. Der schnellste Stil ist das Kraulen. Der aktuelle Weltrekord wurde mit einer durchschnittlichen Geschwindigkeit von 7,67 km/h geschwommen. Ein mäßig Trainierter ist nicht einmal halb so schnell.

Platz zwei: Der zweit-schnellste Fußballer spielt bei einem mexikanischen Verein. Es ist Jürgen Damm mit 35,23 km/h.

Der Fußballer

Eine mexikanische Studie fand heraus, wer im Profi-fußball der Schnellste mit Ball am Fuß ist. Es ist ein Spieler von Real Madrid, der Walliser Gareth Bale. Mit Ball schafft er ein Tempo von 36,9 km/h. Während seiner Schul-zeit durfte Bale, dessen starker Fuß der linke ist, nur mit rechts schießen, ganz klar, warum: Seine Gegner wä-ren sonst chancenlos gewesen.

Der Eisläufer

Der Eisschnelllauf macht sei-nem Namen alle Ehre. Auf den Sprintdistanzen werden von den Top-Athleten im Schnitt Geschwindig-keiten von 50 km/h und mehr erreicht. Die Weltrekordzeit beträgt über 500 m 34,03 s, aufgestellt von Jeremy Wotherspoon, und über 1000 m 1.06,42 Minuten, gelaufen von Shani Davis.

FRAUEN: Spitzen-leistungen

Ironman

Auch wenn der »Mann« im Titel dieses Sportwettbewerbs vorkommt, die Frauen werden immer schneller. Bei einem Langstrecken-Triathlon muss man hintereinander 3,86 km schwimmen, 180,2 km Rad fahren und danach noch 42,195 km laufen. 1991 gelang es der ersten Frau, eine Zeit unter 9 Stunden zu schaffen. Mittlerweile liegt die beste Zeit bei 8 Stunden, 18 Minuten und 13 Sekunden! Im Vergleich: Die beste Zeit bei den Männern liegt bei 7 Stunden, 41 Minuten und 33 Sekunden.

Eine relativ junge Sportart: Der erste sogenannte Triathlon fand 1974 in San Diego statt. 46 Teilnehmer starteten, aber über viel kürzere Distanzen als heute.

Sprint-Star

Die schnellste Frau der Welt ist im Moment Shelly-Ann Fraser-Pryce. Sie läuft die 100 m in 10,70 s. Die allerschnellste Zeit einer Frau über diese Distanz wurde 1988 von Florence Griffith-Joyner gelaufen: 10,49 s. Allerdings glaubt man, dass die Flo-Jo genannte Sportlerin regelmäßig dopte.

Speedski

Die schnellste Frau auf Skiern ist Sanna Tidstrand, eine Schwedin. Mit speziellen auf Hochgeschwindigkeit ausgelegten Latten fuhr sie 242,590 km/h.

Rekord-aufschlag

Den schnellsten Aufschlag im Damentennis hat Sabine Lisicki. Mit 211 km/h schlug sie in Stanford auf. Zum Sieg hat ihr das in dem Match aber nicht verholfen. Dieser superschnelle Aufschlag war nicht einmal ein Ass, er wurde von der Gegnerin retourniert.

Eiskönigin

Über 100 Meter auf Eis ist eine Deutsche die Allerschnellste, und

zwar Jenny Wolf. Ihren Weltrekord fuhr sie im März 2009

in Salt Lake City während einer Weltmeisterschaft.

Die Rekordzeit, die immer noch Bestand hat: 10,21 s.

Rasante ROBOTER

Fast wie ein Mensch

Japanische Forscher haben einen Roboter namens »Achires« entwickelt, der auf zwei Beinen das Tempo eines langsamen Joggers schafft, nämlich 4,2 km/h. Das ist für einen Roboter ein hohes Tempo,

in der Regel können die zweibeinigen nämlich nur gehen oder rollen. Die Beine des Roboters sind 14 cm lang. Eine Kamera, die 600 Bilder pro Sekunde liefert, hilft ihm, dabei nicht aus dem Gleichgewicht zu geraten.

Elektro-Gepard

»Cheetah 2« heißt der Lastenroboter, den das Massachusetts Institute of Technology entwickelt hat. »Cheetah«, also der Gepard, läuft nicht nur auf vier Beinen, er kann mittlerweile auch Hindernisse überspringen. Außerdem ist er der schnellste Vierbeiner unter den Robotern, mit seinen 45 km/h. Für die Programmierer des Geparden war die Landung nach dem Sprung der schwierigste Moment.

Geisterfahrer ➡

Autonomes Fahren, so nennt man es, wenn ein Auto nicht vom Fahrer, sondern von Fahrassistenzsystemen gesteuert wird. Rekordhalter mit 230 km/h über den Hockenheimring ist »Bobby«, ein Audi RS7. Mit seinen 560 PS ist er das schnellste Roboter-Auto. Autonomes Fahren funktioniert bis jetzt nur bei normalen Wetterverhältnissen und auf genau vermessenen Strecken, Autofahren bleibt weiterhin Aufgabe von Menschen …

Immer am Ball

Spitzenfußballer schießen bei einem Freistoß den Ball mit ca. 130 km/h ins Netz. Der in Japan entwickelte Fußball-Roboter Ichi-Go kann das mit 206 km/h; das ist aber auch alles, was er im Gegensatz zu einem echten Fußballer kann.

Würfelrekord

Die Faszination am Zauberwürfel ist ungebrochen. Der schnellste Mensch

löst ihn in 5,55 s. Der Lego-Roboter Cubestormer schafft es,

ihn in 3,253 s in seine Ausgangsstellung zurückzudrehen.

Rasender Roboter: Die Technologie funktioniert über sehr genaue GPS-Signale. Weitere Daten stammen von einer Kamera hinter der Windschutzscheibe.

Super-MASCHINEN

Das Gelbe vom Ei

Der schnellste Mensch braucht vier Sekunden, um ein Ei zu trennen. Super Leistung! Die schnellste Eier-

trennmaschine schafft in der Sekunde 87 Eier! Sie muss dabei sehr genau arbeiten. Das Eiweiß

wird meist zu Eischnee verarbeitet; das funktioniert nur, wenn kein Eigelb darin enthalten ist.

Martina bohrt sich durch

Zwischen Bologna und Florenz auf der italienischen Autobahn A1 musste aufgrund der zunehmenden Verkehrsbelastung ein riesiger Tunnel gebaut werden. Gebohrt hat ihn »Martina«. Mit bis zu 24 Metern am Tag kam das Erddruckschild, so heißen die riesigen Bohrer, voran. Für derart komplizierte Baumaßnahmen eine hohe Geschwindigkeit. Der Durchmesser des Schilds betrug 15,55 m. »Martina« wiegt 4300 Tonnen, das ist so viel wie 10 Boeings 747.

Protonen-Sause

Die größte Maschine der Welt steht in Genf und ist ein Teilchenbeschleuniger. Die Protonen rasen in ihm über eine Rundstrecke von 26659 m. Läuft der LHC auf Höchstleistung, dann sausen die Protonen 11245 Mal pro Sekunde durch den Ring, damit erreichen sie fast Lichtgeschwindigkeit.

Holzernte

Harvester sind Maschinen, die Bäume fällen, entasten und zerteilen, und das in blitzartiger Geschwindigkeit. Etwa zwei Minuten braucht ein Harvester für einen kompletten Baum.

Baggern extrem

Die schnellste Baumaschine aller Zeiten, der Volvo L60G PCP, hat 304 PS und würde sich rein rechnerisch auf 150 km/h beschleunigen lassen. Bei der Rekordfahrt von Karin Olsson bewegte sich der Bagger aber »nur« mit 103 km/h. Für die Rekordfahrt wurde die Schaufel aerodynamisch verkleidet, weil sonst der Luftwiderstand zu groß gewesen wäre. Außerdem musste die Schaufel während der gesamten Fahrt unten bleiben, weil bei Tempo hundert Hochfahren sonst Umkippen bedeutet hätte.

Wie im Bergbau entsteht beim Tunnelbau auch Grubengas. Deshalb wurde »Martina« explosionssicher konstruiert.

Super-COMPUTER

JuQueen

Rekordhalter

Tianhe-2 so heißt der schnellste Computer. Tianhe bedeutet übersetzt »Milchstraße«. Der Computer steht in China und ist fast doppelt so schnell wie der zweitschnellste: 30,65 Petaflops schafft dieser Gigant.

Superrechner werden zu Forschungszwecken eingesetzt, und zwar dann, wenn es um äußerst komplexe Aufgaben geht. Klimaforscher rechnen mit solchen Computern oder – wie im Fall von JuQueen – ganze Gruppen von Forschern: Aus 23 Ländern stammen die Wissenschaftler, die versuchen wollen, mit einem Computer das menschliche Gehirn zu simulieren. JuQueen rechnet mit 5,9 Petaflops, das heißt pro Sekunde 6 Billiarden (6 000 000 000 000 000) Rechenoperationen. JuQueen steht in Jülich und ist zurzeit Europas leistungsfähigster Rechner.

Langeweile?!

Nicht schnell, aber kurios: Es gibt ein Programm, das mit über 300 Millionen Fakten zu wichtigen Ereignissen befüllt wurde, sein Name: »True Knowledge«, zu Deutsch »Wahre Erkenntnis«. Als es nach dem langweiligsten Tag im 20. Jahrhundert gefragt wurde, errechnete es den 11. April 1954 — einen beinahe ereignislosen Tag.

Spielen extrem: Beim Speedrun ist es wichtig, alles zu umgehen, was für die Spielfigur das Ende oder Energieentzug bedeuten würde.

Super Mario

Speedrunner versuchen, ein Computerspiel in möglichst kurzer Zeit durchzuspielen. Der Speedrunner Nero hat versehentlich eine Bestmarke unterboten. Er forderte den Rekordhalter heraus: Wer sammelt am schnellsten die 120 Sterne in der japanischen Version von Super Mario 64? Nero meinte es nicht ganz ernst, legte zwei Pausen ein und … hatte am Ende den Rekord geknackt mit einer Spielzeit von 1 Stunde 42 Minuten und 15 Sekunden, wie sein mitgeschnittenes Video beweist.

Wurmbefall

Mydoom war ein Wurm, der sich extrem schnell verbreitet und einen immensen Schaden angerichtet hat. Innerhalb von zwei Stunden hat er 2 Millionen PCs befallen und damit einen Schaden von 38 000 000 000 US-Dollar angerichtet. Zunutze hat sich der Wurm »gestohlene« Daten aus dem Outlook-Adressbuch gemacht, anhand derer er »weiterkroch«.

FLUGZEUG: Schnelle Flieger

Propellerflugzeug

Der Geschwindigkeitsrekord für Propellerflugzeuge liegt heute bei 850,25 km/h. Vor mehr als 75 Jahren gelang es Ernst Wendel mit dem Propellerflugzeug »Me 209 V1« den damaligen absoluten Weltrekord zu fliegen, und das, obwohl es schon Strahltriebwerke gab. Am 26. April 1939 flog Wendel entlang der Bahnstrecke von Augsburg nach Buchloe eine Geschwindigkeit von 755,1 km/h. Dieser Rekord hielt 30 Jahre lang.

Hyperschalljet

Die Zukunft der zivilen Luftfahrt könnte folgendermaßen aussehen:

in vier Stunden und 40 Minuten von Brüssel nach Sydney mit

über 6000 km/h. Britische Ingenieure tüfteln gerade an dem Konzept

eines Überschallfliegers, der in ca. 25 Jahren in der zivilen Luftfahrt

eingesetzt werden soll. Dieser Hyperschalljet soll mit Wasser-

stoff angetrieben werden und 300 Passagieren Platz bieten.

Keiner war höher: Der Höhen-
weltrekord wurde von Steve Fossett
(USA) und Einar Enevoldson (Norwegen)
geflogen und liegt bei 15 447 m.

Segelflieger

Im Segelflug werden Geschwindigkeitsrekorde in
1000-km-Dreiecken gemessen. Das heißt, der Pilot
muss seinen Segelflieger so steuern, dass er ein Drei-
eck fliegt, dessen Kanten zusammengerechnet eine Länge von
1000 m haben. Aus der Flugzeit errechnet sich dann die durch-
schnittliche Geschwindigkeit. Den Geschwindigkeitsweltrekord hält
ein Deutscher, Helmut H. Fischer. Geflogen wurde der Rekord 1995
in Südafrika. Erreicht wurde eine Geschwindigkeit von 169,72 km/h.

Spionagejet

Rekord-Concorde

Ein Passagierflugzeug, das viele
Rekorde hält, ist die Concorde. Im
Oktober 2003 flog sie zum letzten
Mal. Mit einer Geschwindigkeit von
Mach 2,02 = 2146 km/h beförderte
sie ihre Passagiere über den At-
lantik. Sie konnte bis zu einer
Höhe von 19 202 m auf-
steigen.

Das schnellste Flugzeug
der Welt ist ein Spionage-
jet der Amerikaner, der
seit 1998 nicht mehr fliegt.
Sein Name: »Lockheed SR-71«
oder »Blackbird«, also die
»Amsel«. Der Rekordflug mit
3500 km/h wurde am 28. Juli
1976 absolviert. Um der Hitze
durch die Luftreibung bei
dreifacher Überschallge-
schwindigkeit standzuhalten,
wurde »Blackbird« mit einer
Titanlegierung verkleidet. Für
Piloten war dieses Flugzeug
eine Herausforderung.

MOTORRAD: Geschwindigkeitsrekorde

Seit 1967

Der Geschwindigkeitsrekord für Motorräder bis 1000 Kubikzentimeter steht seit 1967. Der Rekordfahrer Burt Munro hat jetzt 36 Jahre nach seinem Tod seinen Rekord noch einmal überboten. Die AMA (American Motorcyclist Association) errechnete damals eine Durchschnittshöchstgeschwindigkeit von 295,453 km/h. Jetzt, fast 50 Jahre nach der Rekordfahrt, ist Munros Sohn ein Fehler bei der Berechnung aufgefallen, sodass die AMA die Geschwindigkeit nach oben korrigieren musste: auf 296,26 km/h.

Die Vespa

Die Vespa ist Kult und wird seit 1946 geliebt. Mittlerweile gibt es das 140. Modell. In den 1950er-Jahren wurde eine stromlinienförmige Vespa gebaut, nur zu einem Zweck: den Kampf um den schnellsten Roller gegen die Mitbewerber Lambretta und Innocenti zu gewinnen. In Montlhéry fuhr diese Vespa 1950 innerhalb von 10 Stunden 17 Weltrekorde ein. Mit ihrem 125er-Motor und 17,2 PS schaffte sie eine Geschwindigkeit von 136,92 km/h.

1000 PS: Diese PS-Zahl erreicht der Streamliner dank zweier Suzuki-Motoren. Scheibenbremsen und der extrem lange Auslauf über den See sorgen dafür, dass Formula Top 1 wieder sicher zum Stand kommt.

Weltklasse-Rekord

Fast wie eine Zigarre sieht der Streamliner aus. Ein gemütliches Gefährt ist der Formula Top 1 aber nicht mit über 1000 PS. Das Motorrad wiegt 735 kg. Dieses Kraftpaket hat bei seiner Rekordfahrt die 600er-Marke gesprengt. Ein Spitzenwert von 605,7 km/h wurde bei dem Rennen über einen Salzsee gemessen.

Nicht nachahmen!

Mit 140 km/h auf einem Motorrad über die Autobahn

brausen – kein Kunststück. Bei dieser Geschwindigkeit

in nur 4,18 Sekunden die Positionen Fahrer/Beifahrer zu

wechseln, ist allerdings etwas ganz anderes. Dies gelang den

Finnen Jantinen Jouni und Pitkänen Matti.

Serienbike-Rekord

Aus dem Kawasaki-Konzern kommt das schnellste Serienmotorrad, allerdings hat das H2R keine Straßenzulassung. Es ist eine Rennmaschine mit 326 PS, die Straßenversion wird 200 PS haben. Angaben zu den möglichen Geschwindigkeiten werden nicht gegeben – die Experten sind sich aber sicher: Dieses Bike wird das schnellste sein!

Rekorde der MEERE

Schnelle Welle

Ein Tsunami, japanisch für »Hafenwelle«, entsteht durch unterseeische Beben, unterseeische Vulkanausbrüche oder durch Rutschungen an Kontinentalhängen. Wie schnell ein Tsunami durch das Wasser rast, hängt von der Tiefe des Meeres ab. Im Pazifik, der durchschnittlich 4200 Meter tief ist, kann die Welle eine Spitzengeschwindigkeit von 750 km/h erreichen. Auf hoher See bemerkt man diese Welle nicht, sie türmt sich erst vor der Küste auf und richtet dort große Zerstörungen an.

Rasende Riesen

»Kaventsmann« werden sehr hohe Einzelwellen genannt, die oft nur über einen ganz kurzen Zeitraum bestehen. Diese Wellen sind um ein Vielfaches höher als der Wellengang um sie herum. Sie erreichen Geschwindigkeiten von 100 km/h und mehr. Treffen sie auf ein Schiff, richten sie verheerenden Schaden an. Im Februar 2001 traf eine solche 35 Meter hohe Welle das Kreuzfahrtschiff »Bremen« und machte es sofort manövrierunfähig.

Vermutung: Forscher meinen, dass in den letzten 20 Jahren durch die Riesenwellen bis zu 200 große Frachter gesunken sein könnten.

Wasserhosen

Tornados über dem Meer sind Wasserhosen. Sie haben einen Durchmesser von 100 bis 200 m. In ihnen können Windgeschwindigkeiten von 100 m/s auftreten. Sie haben eine Lebensdauer von 10 bis 30 Minuten und bewegen sich meist nur wenige Kilometer. Kommen sie Schiffen zu nahe, dann sind sie gefährlich und haben eine große zerstörerische Kraft.

Mega-Beben

2014 fand unter dem Westpazifik vor der russischen Halbinsel Kamtschatka ein Beben statt, das eine kleine wissenschaftliche Sensation darstellte. Es bebte in einer Tiefe von 640 km, eines der tiefsten Beben, die je gemessen wurden. Der zweite Stoß des Bebens hatte eine Stärke von 6,7 auf der Richterskala und war für ein Beben dieser Stärke mit 2 Sekunden extrem kurz. Der Riss, der danach entstand, war der schnellste je gemessene: Mit 28 800 km/h öffnete sich der Boden.

Existieren sie?

Mega-Wellen werden von den Wissenschaftlern »Freak Waves« genannt. Allerdings glaubte man bis 1995, dass sie »Seemannsgarn« sind, also nur der Fantasie der Seeleute entstammen. Man dachte, dass sie physikalisch gar nicht möglich wären! Dann zeigten am 1. Januar 1995 unter der Gasförderplattform »Draupner E« die Sensoren zwischen 12 Meter hohen Wellen plötzlich eine 26 Meter hohe an, die sich mit über 100 km/h bewegte. Daraufhin hat die Wissenschaft begonnen, die »Freak Waves« zu erforschen, und weiß, sie kommen in einer Woche ca. dreimal vor.

Mit dem WIND auf Rekordkurs

America's Cup

Auch bei den großen Regatten werden die Boote immer schneller. Geschwindigkeiten über 45 Knoten, also über 83 km/h, sind keine Seltenheit. Das stellt die Steuermänner vor große Herausforderungen: Es dürfen so gut wie keine Fehler mehr passieren, damit die Boote in der Balance bleiben.

Segeln

»Sailrocket 2«, so heißt der futuristisch aussehende Katamaran, den Paul Larsen auf der Walvis Bay ebenfalls in Namibia zum Weltrekord segelte. Über eine Strecke von 500 m segelte er eine Durchschnittsgeschwindigkeit von 59,38 Knoten, fast 110 km/h.

Kitesurfen

Der 7 Meter breite und 950 Meter lange Kanal in Namibia dient auch den Kitesurfern als Hochgeschwindigkeits-Messstrecke. Vorteil dieser Gegend ist, dass der Wind dort beständig und stark im perfekten Winkel weht, während die Wasseroberfläche des 1 Meter tiefen Kanals spiegelglatt bleibt. Sebastien Catellan fuhr dort mit 56,87 Knoten, also mit knapp 105 km/h, seinen seit 2009 bestehenden Rekord.

Ältester Rekord

Im Vergleich zu all den Rekorden, die allein dank des Windes eingefahren werden, nimmt sich der absolute Weltrekord auf dem Wasser aus wie von einem anderen Stern: 1978 fuhr der Australier Ken Warby auf einem Stausee mit seinem Rennboot »Spirit of Australia« 511,13 km/h.

Speedsurfen

Speedsurfen, das ist Surfen hart am Limit. In dieser Disziplin gibt es zwei verschiedene Wertungen: zum einen den absoluten Rekord, der auf einer extra angelegten Speed-Strecke in Namibia gefahren wird, zum zweiten den Rekord, der auf offenen Gewässern erzielt wird. Ersteren hält Antoine Albeau mit 52,05 Knoten, sprich knapp 97 km/h, den zweiten Björn Dunkerbeck mit 44,77 Knoten, also knapp 83 km/h.

Hart wie Beton: Wasser ist ca. 770-mal schwerer als Luft, es lässt sich nur schwer verdrängen. Ein Aufprall auf Wasser bei den Rekordgeschwindigkeiten würde sich anfühlen wie einer auf Beton und schwere Verletzungen nach sich ziehen.

Rekorde in der Welt der MUSIK

Das Klavier

Es gibt zurzeit einen Klaviervirtuosen, der von sich behauptet, der schnellste der Welt zu sein: Lubomyr Melnyk. Nach eigenen Angaben spielt er 19 Noten pro Sekunde, gute Klavierspieler schaffen laut Melnyk 13 bis 14 Noten. Der 1987 verstorbene Künstler Liberace, ein berühmter amerikanischer Pianist und Entertainer, wurde mehrmals als schnellster Pianist Amerikas ausgezeichnet. Er soll innerhalb von zwei Minuten 6000 Noten exakt wiedergegeben haben, das wären dann 50 pro Sekunde.

Üppige Ausstattung: Liberace spielte immer auf einem Flügel, auf dem ein goldener Kandelaber stand; berühmt war er für seine opulenten Kostüme und den auffallenden Schmuck, den er trug.

Rap-Rekord

Der Überflieger unter den Rappern ist Eminem. Mit seinem Song »Rap God« schlägt er alle: In sechs Minuten und vier Sekunden bringt er 1560 Wörter unter. Damit hat er den schnellsten Rap der Welt geschaffen.

Schlagzeug

Als schnellster Drummer der Welt gilt George Kollias, abgesehen davon, dass er auch einer der besten ist. Bis zu 300 Schläge in der Minute trommelt er, was an einer speziellen Technik liegt: Durch Drehung der Füße kann er mit einem Pedaltritt zwei Schläge ausführen. Kollias ist der Drummer der Death-Metal-Band Nile.

Die Geige

Es ist erstaunlich: Jede Zeit hat ihren Geigenvirtuosen. Begonnen hat es mit Niccolò Paganini, dessen Name bis heute für technisch anspruchsvolle Stücke in atemberaubender Geschwindigkeit steht. Das klassische Stück, an dem sich die Künstler aktuell beweisen, wenn es um Geschwindigkeit geht, ist der »Hummelflug« von Nikolai Rimski-Korsakow. Im »Guinness-Buch« steht David Garrett: Er hat für das Stück 65,25 Sekunden gebraucht und blieb dabei fast fehlerfrei.

Technik ist nicht alles

Für jeden, der ein Musikinstrument spielt, ist es wichtig, die Technik hundertprozentig zu beherrschen. Doch Technik und Geschwindigkeit allein machen noch kein perfektes Hörerlebnis: Zu wirklich guter Musik gehören auch Gefühl und Ausdruck, zu viel Technik und Perfektion wirken brav und blass.

»Schnellste« GLETSCHER UND DÜNEN

Grönland-Gletscher

Als schnellster »normaler« Gletscher der Welt wird der Jakobshavn Isbræ angesehen.

Ganze 7000 Meter fließt er im Schnitt pro Jahr dem Eismeer entgegen. 2012 waren es allerdings 17 Kilometer, das haben Wissenschaftler bei der Auswertung von Satellitenbildern entdeckt. Umgerechnet sind das 46 Meter pro Tag. Immer wieder brechen riesige Eisbrocken (»Kalben« genannt) vom Gletscher ab, einer davon war wahrscheinlich derjenige, der der »Titanic« am 14. April 1912 zum Verhängnis wurde.

Rekord auf der Düne

Mit Skiern eine Düne hinunterzurasen, keine schlechte Idee, wenn man nach Namibia auswandert und der Skisport einem fehlt. Den Geschwindigkeitsrekord auf Sand hält der Thüringer Henrik May. Er erreichte beim Dünenskifahren immerhin eine Geschwindigkeit von 92,4 km/h.

Schnellster Gletscher

Gletscher des Surge Typs (Surge von englisch »Welle«) haben eine Besonderheit: Sie bewegen sich über lange Zeit sehr langsam und plötzlich erhöht sich ihre Fließgeschwindigkeit rasant. In Pakistan ist der Weltrekordhalter beheimatet: Der Kutiah-Gletscher. 1953 legte er innerhalb von 3 Monaten 12 Kilometer zurück, gerundet 112 Meter am Tag.

Unter Beobachtung

Der Jakobshavn Isbræ wird von den Wissenschaftlern schon seit den 1990er-Jahren beobachtet. Heute fließt er ungefähr viermal schneller als damals. Allein dieser eine Gletscher ist für die Anhebung des Meeresspiegels um einen Millimeter verantwortlich.

»Sandfresser«

Dank einer Satellitenmessung ist man den Dünen auf die Spur gekommen: Am schnellsten wandern Sicheldünen in der Bodele-Djourab-Niederung im Tschad. Die kleineren 10 Meter hohen Dünen sind pro Jahr um die 200 Meter unterwegs. Die größeren ca. 50 Meter hohen sind deutlich langsamer. Wenn Sanddünen bei ihren Wanderungen aufeinandertreffen, dann »fressen« sie sich, eine geht in der anderen auf.

Die Wolke: In der Bodele-Djourab-Niederung wehen extrem starke Nordostwinde. Sie treiben den Sand vor sich her, sodass die größte Staubwolke der Erde entsteht.

NERVENKITZEL PUR!
Achterbahnen und Co.

Looping

Den schnellsten und höchsten Looping in einer Achterbahn kann man nahe Los Angeles im »Full Throttle« fahren. Mit 112,5 km/h wird man durch einen 50 Meter hohen Looping gejagt. Die Welt steht Kopf mit über 100 km/h.

Ferrari-Rot

Diese Achterbahn hat die Farbe eines Ferraris und steht in der Ferrari World in Abu Dhabi (Vereinigte Arabische Emirate). Natürlich ist diese Anlage auch die schnellste Achterbahn der Welt: Spitzengeschwindigkeit 240 km/h. Die Strecke ist 2700 m lang und bis zu 52 Meter hoch. Um gegen den Wüstensand gerüstet zu sein, bekommt jeder Gast eine Fallschirmspringerbrille.

Wie im Jet:
Um den Besuchern das Beschleunigungs- und Bremsgefühl eines Rennwagens zu simulieren, wird eine spezielle Technik angewendet: Dieselbe, die auf Flugzeugträgern eingesetzt wird, um die Jets abschnellen zu lassen.

Rutschenrekord

Die höchste Wasserrutsche der Welt heißt »Kilimanjaro«,

hat einen Neigungswinkel von 60 Grad und ist 50 Meter hoch.

Sie steht in Brasilien. Eine Fahrt dort fühlt sich

an wie freier Fall. Jens Scherer rutschte darauf

zum Weltrekord mit 91,34 km/h.

Die Wasserrutsche

Es gibt viele spektakuläre Wasserrutschen rund um den Globus. Doch nur eine schafft einen Beschleunigungswert, der in etwa dem eines Formel-1-Rennwagens in der Kurve entspricht: »Captain Spacemaker« in Jesolo. Diese Rutsche fahren immer vier Personen gemeinsam in einem Gummiboot hinunter, mit einer Beschleunigung von 7,3 g und einer Geschwindigkeit von knapp 80–100 km/h.

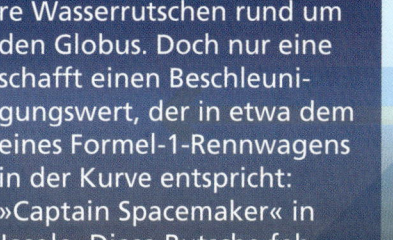

An Ketten

Das schnellste Kettenkarussell steht in »Gröna Lund«, einem Vergnügungspark in Schweden. Auf 120 Meter werden die Besucher angehoben. Zum Vergleich: Die Kuppel des Petersdoms in Rom ist nur 12 Meter höher. In dieser Höhe schwingt man dann mit 70 km/h durch die Luft. Das ist nichts für schwache Nerven oder Mägen.

Turbo-Aufzüge, Roll-treppen und Co.

Zukunfts-Turbo-Aufzug

Es gibt ihn noch nicht, startet er aber, dann soll er seine Passagiere mit 72 km/h in das 95. Stockwerk katapultieren. Die Rede ist von dem Aufzug im CTF Finance Centre in der südchinesischen Stadt Guangzhou. Die Technologie, die die Turboaufzüge antreibt, ist neu. Wie sie genau funktionieren, gibt der Konzern natürlich nicht preis, man weiß aber, dass die beiden Kabinen von Permanentmagnet-Synchronmotoren angetrieben werden.

Keine Ohrenschmerzen: Damit bei der rasanten Fahrt nach oben kein Druck auf den Ohren entsteht, wird in der Kabine eine spezielle Technologie eingesetzt, die den Luftdruck ohrentauglich anpasst.

Gar nicht so schnell

Rollsteige, also Rolltreppen, die in der Ebene verlaufen, fahren bis zu 3,24 m/h. Sie werden dort eingesetzt, wo Menschen weite Strecken zurücklegen, z.B. auf Messen oder Flughäfen. ABER: Forscher haben herausgefunden, dass die meisten Menschen, sobald sie ein solches Band betreten, langsamer gehen und ihre Schritte so anpassen, dass ihre Geschwindigkeit der entspricht, die sie vor dem Laufband gegangen sind.

Schnellste Rolltreppe

Es gibt eine EU-Richtlinie, die die maximale Geschwindigkeit einer Rolltreppe regelt: Sie besagt, dass die Treppe maximal 0,75 m/s, also 2,7 km/h, fahren darf. Das sind die »schnellen« Treppen auf Flughäfen oder an Bahnhöfen. Die in Kaufhäusern fahren langsamer. In der Moskauer Metrostation »Park Popedy« wird eine Treppe betrieben, die mit 126 Metern die längste der Welt ist. Und sie ist auch die schnellste: Mit 9 km/h bewegt sie die Fahrgäste, immer unter Aufsicht, da es bereits zu viele Unfälle gab.

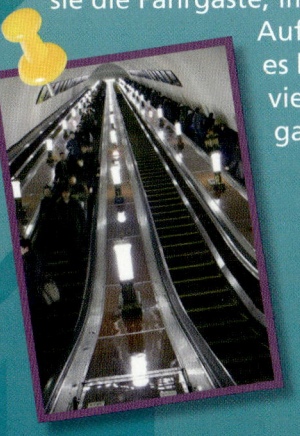

Schnellster Lift

Im Gebäude Taipei 101 fährt der bisherige Rekordhalter zwischen den Stockwerken hin und her. Er bringt es auf 60,6 km/h in einem 509 Meter hohen Gebäude. Da wird der Weg zur Aussichtsplattform zum Abenteuer, das nur noch von dem grandiosen Blick übertroffen wird.

Rolltreppen-Rekord

Wie viele Rolltreppenstufen kann man in 24 Stunden laufen?

Guido Kunze hat 61 050 geschafft und ist damit Rekordhalter.

In Höhenmetern ausgedrückt sind das 12 210 Meter.

GEWALTIGE
Wirbelstürme

Tornado

2013 wurde in El Reno in den USA ein Tornado mit einer maximalen Windgeschwindigkeit von 475 km/h in Bodennähe erfasst. Auch der Durchmesser war zeitweise gewaltig: 4,2 Kilometer. Dieser Tornado wütete über eine Strecke von 26 Kilometern und kostete vier sogenannten Sturmjägern ihr Leben. Er ging als einer der gewaltigsten Tornados in die Geschichte der USA ein.

Absoluter Rekord

486 km/h – diese Geschwindigkeit wurde 1999 in einem

Tornado in Oklahoma gemessen, allerdings nicht in Bodennähe,

sondern in einer Höhe von 32 Metern.

Orkantief Niklas

In Deutschland wüten immer wieder Orkantiefs, die an Häusern Verwüstungen anrichten, Bäume entwurzeln, Zug- und Flugpläne durcheinanderbringen und Todesopfer fordern. Ende März 2015 zog »Niklas« über weite Teile Deutschlands hinweg! Die Spitzenböen, die an der Nordsee gemessen wurden, lagen bei 140 km/h, auf der Zugspitze bei 192 km/h. Laut Deutschem Wetterdienst war »Niklas« einer der stärksten Stürme der letzten Jahre.

Zugspitze
Auf dem höchsten Berg Deutschlands, der Zugspitze mit ihren 2962 Metern, wurde auch die höchste Windgeschwindigkeit Deutschlands gemessen: Am 12. Juni 1985 waren das 335 km/h.

»Wilma«: Das Maß der Verwüstung, das ein Hurrikan anrichtet, hängt auch stark davon ab, welcher Druck in seinem Inneren gemessen wird. Diesbezüglich war »Wilma« (2005) der bisher stärkste Hurrikan. Seit Beginn der Wetteraufzeichnungen hatte sich noch kein tropischer Sturm so schnell aufgebaut.

Hurrikan

Beurteilt man einen Hurrikan nach der Windgeschwindigkeit, die im einminütigen Mittel gemessen wird, dann sind »Camille« (1969) und »Allen« (1980) mit jeweils 305 km/h die absoluten Spitzenreiter. Beide haben große Verwüstungen hinterlassen. 1780 fegte der sogenannte »Große Hurrikan« über die Karibik hinweg, angeblich mit Spitzen-Windgeschwindigkeiten von 320 km/h, allerdings gab es damals noch keine genauen Messmethoden. Unbestritten ist aber, dass er die meisten Opfer forderte: 22 000 Menschen starben damals.

Die schnellsten ZÜGE

Historischer Rekordhalter

Am 21. Juni 1931 ging der von Franz Kruckenberg entwickelte »Schienenzeppelin« auf der Strecke Hamburg–Berlin auf Rekordjagd. Sensationelle 230,2 km/h schaffte das futuristische Gefährt. Erst 24 Jahre später wurde dieser Rekord in Frankreich gebrochen. Zu diesem Zeitpunkt existierte das auch im Innenraum komplett nach der neuesten Architektur gestaltete Fahrzeug schon nicht mehr: 1939 wurde es verschrottet, da es sich nicht zum Massentransportmittel eignete.

Bahn-Rekord

Japans Magnetschwebebahn Maglev hat einen neuen Weltrekord aufgestellt: 603 km/h.

Im Jahr 2027 sollen damit die Städte Tokio und Nagoya verbunden werden. Im Normalbetrieb mit Fahrgästen rechnet man mit einer Geschwindigkeit von 500 km/h.

Der schnellste Zug Europas

In Italien fahren für einen privaten Betreiber Nuovo Trasporto Viaggiatori Hochgeschwindigkeitszüge der Firma Alstom, die in Frankreich ansässig ist. Mit 360 km/h machen diese Züge der staatlichen Bahngesellschaft Trenitalia Konkurrenz. Sie verkehren zwischen den Städten Mailand, Rom, Neapel, Venedig und Turin. Internet, Fernsehen und ein Kinowagen mit HD-Screen verkürzen den Reisenden die Zeit noch einmal.

U-Bahn

Auf einer 59 Kilometer langen Strecke fährt die schnellste U-Bahn der Welt. Sie saust mit 120 km/h durch den Untergrund der Stadt Schanghai. Die schnellen U-Bahnen werden auf den Linien eingesetzt, die weit in die Vorstädte hinausfahren. Dort ist es am sinnvollsten, da die Reisezeit deutlich verkürzt wird.

Der schnellste Zug der Welt

In China fährt der schnellste Serienzug der Welt, sein Name: 380A. Die Durchschnittsgeschwindigkeit auf der Fahrt von Schanghai nach Hangzhou beträgt 350 km/h, im Jangtse-Delta erreicht er 420 km/h. China ist das Land mit dem längsten Schienennetz für Hochgeschwindigkeitszüge. Im Moment sind es 7431 Kilometer, bis 2020 sollen es 16 000 Kilometer werden.

Wie im Flug: Der 380A halbiert die Fahrzeit zwischen Schanghai und Hangzhou. Dauerte es früher 90 Minuten, braucht man heute nur noch 45 Minuten.

Große MASCHINEN

Schulbus-Rekord

Beinahe 600 km/h schafft der gelbe Schulbus dank eines Düsenantriebs, der von einem

F4-Phantom-Kampfjet stammt. Bis zu 42 000 PS kann die Turbine entwickeln.

Der schnellste Truck

»Shockwave«, Schockwelle, so heißt der schnellste Truck der Welt. Gebaut wurde er 1984. Angetrieben von drei Düsenflugzeug-Turbinen, bringt er es auf 36 000 PS. Mit lautem Donnern und einem Feuerschweif am Heck beschleunigt der Monstertruck bis auf 605 km/h. Zwei Bremsfallschirme müssen ausgeworfen werden, um den Riesen wieder zu stoppen.

Ohne Konkurrenz: Bisher konnte kein LKW auf unserem Planeten den Rekord dieses unglaublichen Trucks brechen. Für einen Beschleunigungsvorgang braucht er ca. 680 Liter Treibstoff.

VW-Bus

Der VW-Bus TH2RS ist der schnellste Bus der Welt – 310 km/h hat sein Tacho schon angezeigt. In 4,4 Sekunden beschleunigt der Bus auf 100 km/h. Angetrieben wird er von einem modifizierten Motor eines Porsche 996 Turbo, der es auf 780 PS bringt. Das Cockpit sitzt bei diesem Geschoss in der Mitte.

Serientruck

Auf Basis eines Serien-Volvos VN wurde eine 2000 PS starke Variante extra für Rekordfahrten gebaut. Er hält zwei Rekorde: Aus dem Stand über 500 Meter und 1000 Meter erreichte er jeweils Durchschnittsgeschwindigkeiten von 130,862 km/h und von 166,698 km/h. Die Endgeschwindigkeit beim Zieleinlauf: 250 km/h!

Superbus

Zwischen Dubai und Abu Dhabi fährt der Superbus. Es wurde eine spezielle Fahrspur für ihn eingerichtet. Transportiert werden 23 Passagiere, und das sehr komfortabel. Angetrieben wird der »Bus« von vier Elektromotoren, die ihn mit 405 PS bis auf 250 km/h beschleunigen. Die Passagiere steigen über 16 Flügeltüren in das 15 Meter lange und 1,65 Meter hohe Fahrzeug ein.

Pflanzen-
REKORDE

Nährstofflieferant: Die eingefangenen Tiere werden durch Enzyme zersetzt und liefern der Wasserfalle die Nährstoffe, die sie nicht aus dem Wasser bekommt.

Die Wasserfalle

Diese nur 15 Zentimeter große fleischfressende Pflanze *(Aldrovanda vesiculosa)* lebt im seichten Wasser. Sie fängt kleine Insekten, indem sie ihre Blätter über ihnen zusammenschlägt, ähnlich wie die Venusfliegenfalle. Dies geschieht in weniger als 0,1 Sekunden. Das ist eine der schnellsten im Pflanzenreich bekannten Bewegungen!

Die Wasserhyazinthe

Die Wasserhyazinthe *(Eichhornia crassipes)* hat eine zarte Blüte und einen sehr starken, schnellen Wuchs. Explosionsartig dehnt sie sich aus, innerhalb von 15 Tagen verdoppelt sie die Fläche, die sie überwuchert. Das bedroht jedes Gewässer, in dem sich die Pflanze ansiedelt. Sie entzieht dem Wasser Sauerstoff und bildet einen so dichten Teppich, dass Fische darunter an Sauerstoff- und Lichtmangel eingehen. Teilweise sind die Pflanzen so eng verwoben, dass man über diesen »Teppich« laufen kann.

Die Pappel

In unseren Breiten zählt die Pappel neben der Birke zu den Bäumen, die am schnellsten wachsen. Eine Schwarzpappel (*Populus nigra*) kann im Jahr um die 70 cm an Höhe zulegen und wächst gleichzeitig 50 bis 60 cm in die Breite. Im Gegensatz dazu wächst eine Eiche 40 mm pro Jahr in die Höhe oder die Buche 90 mm.

Schnellstes Wachstum

Phyllostachys bambusoides eine in Japan verbreitete Bambusart, wächst

unter günstigen Umweltbedingungen 1,21 Meter in 24 Stunden. Seine Endhöhe

von 20 Metern erreicht der Bambus innerhalb von drei Wochen!

Pollenflug

Der Kanadische Hartriegel (*Cornus canadensis*) schießt seine Pollen in einer halben tausendstel Sekunde in den Wind. Beschleunigt werden sie dabei mit der 800-fachen Geschwindigkeit von Astronauten, die ins All starten. Das gelingt dank der explosionsartig frei werdenden Energie aus elastischen Pflanzenteilen. Die Staubblätter des Hartriegels gleichen mittelalterlichen Katapulten.

Wetter: REKORD-BLITZE

Entfernung

Licht- und Schallwellen bewegen sich mit unterschiedlicher Geschwindigkeit. Der Schall ist langsamer als das Licht. Er bewegt sich mit 340 m/s. Den Blitz sieht man also zuerst, dann hört man den Donner. Zählt man die Sekunden zwischen Blitz und Donner, kann man mit einer einfachen Formel die Entfernung des Gewitters vom eigenen Standpunkt berechnen.

Kugelblitze

Wissenschaftler haben Kugelblitze bisher als Legende betrachtet, egal wie häufig von den Lichterscheinungen berichtet wurde. Zu unterschiedlich waren die Schilderungen der Beobachter. Im Jahr 2014 ist ein Kugelblitz von Forschern einer chinesischen Universität mit einer Hochgeschwindigkeitskamera fotografiert und danach analysiert worden. Er entstand an der Einschlagstelle eines regulären Blitzes. Der Blitz mit einem Durchmesser von fünf Metern bewegte sich mit 8 m/s seitwärts über den Boden. Es gibt sie also doch!

Die Formel

Angenommen, es dauert vom Blitz bis zum Einsetzen des Donnergrollens vier Sekunden. Dann berechnet man die Entfernung des Gewitters wie folgt: 4 x 340 = 1360. 340 m legt der Schall in der Sekunde zurück, vier Sekunden hat es gedauert, bis er da war. Teilt man die Zahl durch 1000, erhält man die Entfernung in Kilometern, in unserem Fall sind es 1,36 km.

Hochspannung Vorsicht! Lebensgefahr

Rekordblitz

Am Max-Planck-Institut in München versuchen Forscher des Bereichs für

Quantenoptik, die extrem schnelle Bewegung von Elektronen zu

fotografieren. Dafür werden Blitze benötigt, die ca. 80 Attosekunden dauern.

Eine Attosekunde ist ein Milliardstel einer Milliardstelsekunde.

Gewitterblitze

Für das menschliche Auge sind die einzelnen Phasen eines Gewitterblitzes nicht erkennbar, lediglich ein leichtes Flackern kann man wahrnehmen. Unterteilt wird das, was wir sehen, in Vorblitze und Hauptblitz. Vorblitze »tasten« sich in Sprüngen von zwei bis 50 Metern mit einer Geschwindigkeit von 150 km/s zur Erde. Der Hauptblitz rast mit 100 000 km/s durch die Luft. Vor dem nächsten Hauptblitz kommt es zu einer Zwischenentladung mit 3000 km/s. Vier bis fünf Hauptentladungen werden als ein Blitz gesehen.

Optische Täuschung: Der gesamte Ablauf Vorblitze, Hauptblitz und Zwischenentladung dauert 0,1 bis 0,25 Sekunden. Klar, dass das Auge die verschiedenen Phasen als eine wahrnimmt.

NÜRBURGRING:
Rekordfahrten

Höllenrekord

Seit 1975 steht der Rekord für die Nordschleife:

Der Schweizer Clay Regazzoni fuhr sie in 7:06,4 Minuten

beim »Großen Preis von Deutschland«.

Die Strecke war zu diesem Zeitpunkt 22,835 km lang.

Inlineskates

Gezogen von einem Alfa Romeo 159, brauchte der Extremsportler Dirk Auer genau zehn Minuten und sechs Sekunden, um die Nordschleife zu bewältigen. Gefahren wurde der Wagen von einem Sportjournalisten. Die Höchstgeschwindigkeit bei dieser Rekordfahrt dürfte über 200 km/h gelegen haben. Angesichts der Schwierigkeit der Strecke fast nicht vorstellbar.

Rasende Rollschuhe: Hinter einem Porsche GT2 fuhr Dirk Auer 307 km/h auf Inlinern. Das war 1997 im italienischen Nardo. Ein Rekord, der bis heute Bestand hat.

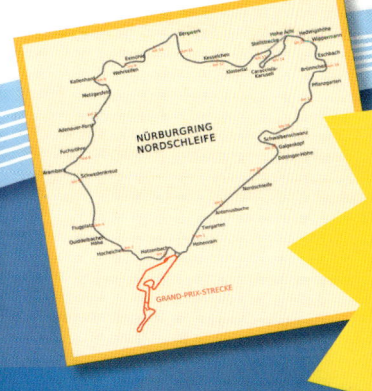

Die »grüne Hölle«

Die Nürburgring-Nordschleife ist legendär. Der Parcours ist 20,835 km lang und umfasst 73 Rechts- und Linkskurven, Steigungen bis 17 % und Gefälle bis 11 %, insgesamt einen Höhenunterschied von 300 Metern. All das macht die Rennstrecke in der Eifel zu einer der schönsten und zu einer der gefährlichsten Rennstrecken der Welt.

Hybrid-Fahrzeug

Ein umgerüsteter Sportwagen der Marke Gumpert Apollo wurde von dem ehemaligen Formel-1-Piloten Heinz-Harald Frentzen zu diesem Rekord gefahren. Der Wagen hat 630 PS, einen 3,3-Liter-V8-Biturbo und einen 100-kW-Elektromotor. Damit erzielte Frentzen auf der Strecke von 25,378 Kilometern eine Rundenzeit von 9:24,88 Minuten. Im Training war ihm sogar eine Zeit von 9:13,707 Minuten gelungen.

Rad & Run

Beim alljährlichen Radrennen geht es vergleichsweise still zu auf der Nordschleife. Man hört das Klicken von Pedalen oder eine Gangschaltung im Vergleich zum sonst gewohnten Motorengeheul. Die schnellste Runde auf der in diesem Fall 23,54 km langen Strecke war bei den Männern 38,03 Minuten und bei den Frauen 43,48 Minuten.

E-FAHRZEUGE: Höchstgeschwindigkeiten

E-Bike I

Bei E-Bike denkt man als Erstes an ein Fahrrad, aber ... ein Bike kann auch ein Motorrad sein. Das schnellste seiner Art wird in den USA gebaut. Es heißt »Empulse R« und beschleunigt in vier Sekunden von null auf 100 km/h. Die Höchst- und Weltrekordgeschwindigkeit liegt bei 180 km/h. Die Reichweite dieses Bikes wird mit 200 km angegeben, bei sportlicher Fahrweise halbiert sie sich.

Eine Steckdose reicht: An einer ganz normalen 220-V-Haushaltssteckdose brauchen die Akkupacks des Elektrogeschosses drei Stunden, bis sie komplett aufgeladen sind.

Elektrofahrzeug-Rekord

Im Jahr 1974 stellte Roger Hedlund mit 282 km/h einen Rekord für

Elektrofahrzeuge auf, der 39 Jahre hielt. Der ehemalige britische Wissenschafts-

minister Lord Drayson brach ihn im Juli 2013 mit 328,3062 km/h.

E-Bobbycar

Ein Autoingenieur aus Hessen hat eine Mischung aus Bobbycar und Hot Rod gebaut, die er Roddy nennt. Der kleine Flitzer wird von einem 700 Watt starken E-Motor angetrieben und erreicht damit ca. 30 km/h. Kaum zu glauben:

Es gibt auch ein Bobbycar mit Düsenantrieb, ebenfalls in Deutschland entwickelt. Mit Kerosin brauste es zum Bobbycar-Weltrekord: 130 km/h!

E-Bike II

Das schnellste und teuerste E-Bike der Welt wird in Deutschland, genauer in Regensburg gebaut. Es heißt »BlackTrail« und wird aus exquisiten Materialien gefertigt. Carbon, Aluminium, Titan, Magnesium … all das kommt zum Einsatz bei der limitierten Auflage von 667 Stück. Der ungedrosselte Motor dieses Bikes beschleunigt den »Radler« auf 100 km/h. Über ein Smartphone kann man nahezu alle Funktionen des Rads steuern, mehr Hightech gibt es im Radbereich nicht.

E-Fahrzeug-Parade

Um ins »Guinness-Buch der Rekorde« zu kommen, musste eine Bestmarke aus dem Silicon Valley (USA) mit 507 Fahrzeugen übertroffen werden. Im Mai 2015 gab es auf dem Flugfeld von Tempelhof, Berlin, einen neuen Weltrekord: 577 Fahrzeuge nahmen an der bisher weltgrößten Elektroauto-Parade teil. Die Fahrzeuge durften keinen Zusatzantrieb haben, mussten aber eine Straßenzulassung besitzen.

Tiere: Die schnellsten JÄGER

Mal zwölf: Während des Fangvorgangs vergrößert sich das Volumen in der Mundhöhle des Fischs um das Zwölffache.

Kiefer-Rekord

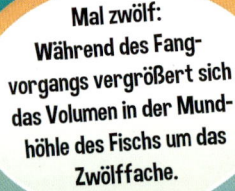

Bei Geschwindigkeit denkt man nicht zwangsläufig an Ameisen. Die südamerikanische Art *Odontomachus bauri*

ist allerdings superschnell, und zwar mit dem Kiefer! Er schnappt mit einer Geschwindigkeit von 230 km/h zu!

Das hilft bei der Jagd und auf der Flucht. Mit ihrem Kiefer kann sich die Ameise 40 cm weit von ihrem Feind wegkatapultieren.

Fangschreckenkrebs

Wenn es ums »Schmettern« geht, dann ist der Fangschreckenkrebs (*Stomatopoda*) ein absoluter Rekordhalter. In 2,7 Millisekunden beschleunigt er seinen Schlagarm, gegen den Widerstand des Wassers, auf 23 m/s. Das sind 82 km/h. Mit diesem wuchtigen Schlag durchdringt er z. B. die Panzer von Krebsen. Die Durchschlagskraft entspricht der eines kleinkalibrigen Gewehrs.

Anglerfisch

Lauerräuber können stundenlang bewegungslos auf Beute warten. Kommt die vorbei, geht es schnell: Der Anglerfisch (*Antennariidae*) reißt sein Maul so rasant auf, dass ein Wassersog entsteht, der das »Opfer« in das Maul zieht. Dieses »Saugschnappen« beherrschen viele Fische, aber keiner so schnell wie der Anglerfisch. Mit einer Hochgeschwindigkeitskamera, die 1000 Bilder pro Sekunde schießt, wurde der Fisch fotografiert. Nur auf sechs Bildern war er in Aktion. In sechs Millisekunden hat er die Beute geschnappt. Großer Vorteil der Geschwindigkeit: Der Rest des Fischschwarms merkt nichts vom Verlust, der Anglerfisch kann sich weiter bedienen.

Kolibri

Möchte ein Kolibri-Männchen ein Weibchen beeindrucken, dann schaltete er den Turbo ein. Das Männchen beginnt einen Sturzflug, den es zunächst noch mit Flügelschlägen beschleunigt. Kurz vor dem Boden fängt es sich wieder ab. Die Kräfte, die dabei auf den Vogel wirken, entsprechen dem Neunfachen der Erdbeschleunigung. Die absolute Geschwindigkeit liegt bei ca. 93 km/h. Das bedeutet, der Kolibri legt 385-mal in der Sekunde seine Körperlänge zurück, der absolute Geschwindigkeits-Spitzenreiter Wanderfalke nur 200 Körperlängen.

Chamäleon

Das Jemenchamäleon (*Chamaeleo calyptratus*) ist wie alle Chamäleons ein wechselwarmes Tier. Das heißt, ist die Außentemperatur geringer, sinkt die Beweglichkeit der Muskeln, was auf der Jagd sehr hinderlich ist. Das betrifft nicht das Chamäleon. Es jagt mit seiner schnellen Zunge, die unabhängig von der Außentemperatur immer gleich schnell ist. Es schleudert in weniger als einer Zehntelsekunde seine Zunge auf das Zweifache seiner Körperlänge aus und erlegt damit die Beute.

SOLARFAHRZEUGE: Schnell mit Sonnenenergie

Rekordfahrt

In Australien wurde ein weiterer Solarrekord

eingefahren, allerdings mit Akkus: »Sunswift eVe« fuhr

eine Strecke von über 500 Kilometern mit einer

durchschnittlichen Geschwindigkeit von 110 km/h.

Sojourner

Das kleine Marsmobil »Sojourner« bewegt sich mit 60 Zentimetern pro Minute vorwärts, relativ betrachtet eine geradezu atemberaubende Geschwindigkeit. Die Reaktionszeit, die der kleine Marsroboter hat, beträgt nämlich mehr als 20 Minuten. Kommt ein Hindernis auf »Sojourner« zu, dann dauert es 10 ½ Minuten, bis sein Signal auf der Erde ist, und noch einmal so lang, bis das menschliche Steuerungssignal wieder bei ihm angekommen ist. Deshalb tastete sich der »Erdbewohner« auf dem fremden Planeten auch selbst, mithilfe von Laserstrahlen, vorwärts.

Solar-flugzeug

Im Jahr 2015 wollen zwei Schweizer Flugpioniere mit »Solar Impulse 2« die Erde umrunden. Ein ehrgeiziges Projekt: 35 000 Kilometer vollkommen ohne Treibstoff und mit einer Geschwindigkeit bis zu 100 km/h. Vorgesehen sind 25 Flugtage, die innerhalb von fünf Monaten absolviert werden sollen.

Die Sonne macht's:
Mit ca. 1200 Watt wurde der Motor
für den Rekordversuch angetrieben.
Das ist in etwa die Leistung, die ein
Toaster verbraucht.

Sunswift IV

Den Geschwindigkeitsrekord für Solarautos hält »Sunswift IV«.
Es wurde an einer australischen Universität entwickelt. Bei seinem Rekordversuch im Jahr 2011 erreichte es 88 km/h. Dabei
konnte die alte Rekordmarke, die Ende der 1980er-Jahre aufgestellt wurde, deutlich überboten werden: Damals waren es
79 km/h. Für den Rekordversuch werden nur Fahrzeuge zuge-
lassen, die einen direkten Solarantrieb haben, ohne Batterien
als Zwischenspeicher.

Lotte

»Lotte« heißt das erste
solarbetriebene Luftschiff,
dessen Erfinder Prof. Bernd
Kröplin ist. Sie ist eine Ver-
treterin der »Leichter-als-Luft-
Technologie« und flog ihre Einsätze
hauptsächlich zu wissenschaftlichen Zwe-
cken, dabei lieferte sie Daten zum Autoverkehr
oder solche zur Smogbelastung. »Lotte« wird von
der Erde aus gesteuert und erreicht eine Höchstgeschwindigkeit von 45 km/h. Ihr Elektromotor wird von
speziell bearbeiteten Solarzellen angetrieben; Dünnschicht-
solarzellen gab es 1992, als »Lotte« entstand, noch nicht.

Schnelle Fahrzeuge
AUF SCHNEE

Missverständnis: Joseph-Armand Bombardier erbaute 1922 ein Schneemobil, das er »Ski-Dog« nannte, in Anlehnung an die Schlittenhunde. Durch einen typografischen Fehler wurde daraus der »Ski-Doo«.

Schneemobil

Das Schneemobil wird auch Skidoo oder Snowmobil genannt. Entwickelt wurde es in Kanada. Dort ist es besonders wichtig, auf Schnee größere Distanzen schnell überwinden zu können. Angetrieben werden Schneemobile von Viertaktmotoren, die eine Leistung von 30 kW bis 220 kW haben können. Erreicht werden Spitzengeschwindigkeiten von bis zu 320 km/h. Ein Skidoo ist vielseitig einsetzbar: als Rettungsfahrzeug, als Transporter oder als Arbeitsfahrzeug, um z. B. Herden zusammenzutreiben.

Bio-inspired Ice Vehicle

Ein sperriger Name für ein kleines, schnelles Gefährt: Das Vehikel wurde entwickelt, um über das Polareis zu flitzen, mit bis zu 135 km/h! Es wird mit Biokraftstoff angetrieben und wurde bei der schnellsten Durchquerung der Antarktis eingesetzt. Es ist mit 700 kg sehr leicht und kann notfalls auch mit reiner Muskelkraft über Schneeverwehungen gezogen werden.

Schlittenrekord

Im Pitztal wurde die Weltrekordfahrt eines rein durch die

Schwerkraft bergab getriebenen Schlittens gemessen: 100,180 km/h

brachte die Schussfahrt über eine 200 Meter lange Piste.

Der Ziesel

Ziesel sind eine spezielle Gattung Erdhörnchen und der Ziesel ist ein einsitziges Kettenfahrzeug: Ein Fahrzeug, das die Fortbewegung auf Schnee, Sand und Kies möglich macht, gerade auch für Rollstuhlfahrer. Angetrieben wird er von einem Elektromotor. Er kann auf schwierigem Untergrund bis zu 35 km/h schnell fahren.

PistenBully

370 PS und 10 000 Kilo Gewicht: der PistenBully. Diese Kraftpakete schaffen es, Steigungen bis zu 92 Prozent hinauf- und hinunterzufahren, wobei man sagen sollte, sie klettern hinauf und hinunter – am Seil: Mithilfe einer Seilwinde gelingt es dem schweren Koloss nämlich auch noch, bis zu vier Tonnen Schnee vor sich herzuschieben und gleichmäßig zu verteilen. Ein PistenBully erreicht Spitzengeschwindigkeiten von 20 km/h.

Die schnellsten LUFT-KISSEN-FAHRZEUGE

Zukunft

Die Entfernung von Los Angeles nach San Francisco beträgt 600 km, geplant ist auf dieser Strecke eine neue Schnellzug-Trasse. Elon Musk, der den Elektro-Sportwagen Tesla produziert, stellte mit »Hyperloop« ein ganz neues Transportmittel als Alternative vor. »Hyperloop« ist eine auf Luftkissen schwebende Kapsel, die mit 1220 km/h durch eine Röhre saust. In der Röhre wird der Luftdruck abgesenkt, vor der Kapsel transportiert ein großer Propeller die Luft ab, sodass der Luftwiderstand sehr gering ist.

Die Zukunft: Der »Hyperloop« würde die Reisezeit zwischen Los Angeles und San Francisco auf 35 Minuten verkürzen. Alle 30 Sekunden soll eine Kapsel mit jeweils 28 Personen an Bord starten.

Kanalrekord

Den Geschwindigkeitsrekord für die Überquerung des Ärmelkanals

von Calais nach Dover hält das Hovercraft »Princess Anne«.

Es brauchte am 14. September 1985 genau 22 Minuten.

Supercraft

Egal ob auf Schnee, auf Wasser, im Wüstensand oder einfach nur auf der Straße, das Luftkissen-Fahrzeug »Supercraft« kommt mit fast jedem Untergrund zurecht. Seine Beschleunigung ist mit der eines Bugatti vergleichbar, nicht jedoch die Endgeschwindigkeit, die bei 56 km/h liegt. Das Fahrzeug, das aussieht, als ob es aus dem Set eines Science-Fiction-Films stammt, schwebt auf einem Luftkissen 20 Zentimeter über dem Untergrund.

Rennmaschinen

Das Hovercraft ist auch ein Sportgerät: Regelmäßig finden Rennen statt, die sowohl über Land als auch über Wasser führen. Gefahren wird in sechs Formelklassen. Die Rennfahrzeuge haben bis zu 250 PS und können eine maximale Geschwindigkeit von 185 km/h fahren. In vier Sekunden beschleunigen die Boote von null auf 100 km/h. 2012 fand die Hovercraft-WM in Deutschland statt.

Schweben

Luftkissen-Fahrzeuge sind von der Art der Fortbewegung Flugzeugen ähnlicher als Booten. In die große Gummischürze, die rund um das Fahrzeug liegt, wird durch ein Gebläse komprimierte Luft geleitet. Dieses Luftkissen hebt den Rumpf an. Darauf gleitet das Fahrzeug 20 cm über dem Boden oder dem Wasser dahin. Angetrieben wird es durch Propeller.

RENNPFERDE

Das Geheimnis des Erfolgs: Die Beine von »Eclipse« entsprachen absolut dem Durchschnitt, das fanden Forscher 2004 anhand der Gebeine heraus. Sie waren weder zu lang noch zu kurz, sodass »Eclipse« sie im Galopp sehr schnell nach vorne werfen konnte.

Eclipse

»Eclipse«, so heißt das schnellste Rennpferd aller Zeiten. Dieses Wunderpferd wurde 1764 während einer totalen Sonnenfinsternis geboren. Der Rekord, den der Hengst über die 7190 Meter lange englische Rennstrecke aufstellte, ist immer noch gültig. Er lief sie in sechs Minuten vier Sekunden, das entspricht einer durchschnittlichen Geschwindigkeit von 71,9 km/h. Mit »Eclipse« wurde später gezüchtet, etwa 80 Prozent der heutigen Rennpferde haben Gene von ihm.

Rekordpferd

Laut »Guinness Buch« ist »Winning Brew« das schnellste heute lebende Pferd. Sie lief eine Strecke von 402 Metern mit einer Geschwindigkeit von 70,76 km/h.

Die schnellste Rasse

Als schnellste Rasse gilt das englische Vollblut. Diese Pferde werden als »Rennmaschinen« gezüchtet und können in der Regel um die 64 km/h laufen. Alle diese Vollblüter gehen auf drei Hengste zurück, die Ende des 17. und Anfang des 18. Jahrhunderts importiert wurden. Bis heute werden Hengste, die von Byerley Turk, Darley Arabian und Godolphin Arabian abstammen, mit xx hinter dem Namen gekennzeichnet.

Quarter Horse

Das »Quarter Horse« hat seinen Namen von den Quarter-Mile-Rennen, die im 17. Jh. in Amerika sehr beliebt waren und die es bis heute gibt. Hohe Preisgelder werden bei diesen Rennen bezahlt. Das Quarter Horse wurde aus spanischen Pferden mit arabischem Einschlag und englischen Vollblütern gezüchtet. Über die kurze Distanz ist es extrem schnell: »Evening Star« hält den Rekord über die Viertelmeile, also 402 Meter: 21 Sekunden brauchte er 1994 mit einer Maximalgeschwindigkeit von 72 km/h.

Schneller und schneller

Evolutionsbiologen haben die Daten von Tausenden Pferderennen ausgewertet und sind zu einem erstaunlichen Ergebnis gekommen: Die Pferde sind über die letzten 150 Jahre immer schneller geworden. Schneller sind die Tiere allerdings nur über die kurze Distanz, über die mittlere und lange Distanz nicht. Die Forscher vermuten, dass es diesbezüglich eine natürliche Grenze gibt.

WINDHUNDE

Hoher Energiever-
brauch: Untersuchun-
gen haben ergeben,
dass ein Greyhound
die Hälfte der Energie,
die er während eines
Rennens verbraucht,
für die Beschleuni-
gungsphase einsetzt.

Greyhound →

Windhunde haben eine
fast 6000-jährige Geschichte mit dem Menschen, wie
Malereien auf Vasen zei-
gen. Ursprünglich ein-
gesetzt als »verlänger-
ter Arm« eines Jägers,
weil sie in der Lage
waren, dem Wild
über lange Stre-
cken zu folgen,
laufen sie heute
noch Rennen, was
allerdings unter
Tier-
schüt-
zern
umstrit-
ten ist. Der
Greyhound schafft
es innerhalb der
ersten sechs Schritt-
längen, ca. 30 Me-
ter, auf 70 km/h
zu beschleunigen.
Während des Ren-
nens kann er eine
Geschwindigkeit
von 16,45 m/s, knapp
60 km/h, aufrecht-
erhalten.

Rekordsieger

Der Hund, der die meisten Siege in
Folge schaffte, war »JJ Doc Richard«.

1995 gelang ihm eine Serie von
37 Siegen ohne Unterbrechung.

Ähnlicher Körperbau

Geparden haben einen Körperbau, der dem des Windhunds stark ähnelt, sie laufen aber deutlich schneller. Warum? Die Raubkatzen haben die bessere Technik: Ihre Schritte sind länger, die Schrittfolge ist schneller und sie haben den besseren Bodenkontakt. Deshalb erreichen sie 102 km/h in der Spitze, der Windhund »nur« 70 km/h.

Irischer Wolfshund

Windhunde sind nicht nur die schnellsten Hunde, sondern sie halten noch einen Rekord: Der Irische Wolfshund ist der größte Hund mit einem Schultermaß um einem Meter. Diese Windhunde werden auch die »sanften Riesen« genannt. Sie wurden als Jagd- und Hütehunde gezüchtet und wegen ihres beeindruckenden Charakters in Adelshäusern sehr geschätzt. Sie sind schnell, allerdings nicht ganz so schnell wie ihre kleineren Verwandten.

Whippet

Der Whippet ist die kleinere Ausgabe des Greyhounds. Im Mittelalter durfte nur der Adel Jagdhunde halten. Die Legende sagt, dass damals Bergarbeiter aus Terrier, Greyhound und Italienischem Windspiel einen Hund züchteten, der ein guter Hasenjäger war und bei Bedarf schnell in eine Tasche geschoben werden konnte. Der Whippet rennt bis zu 60 km/h schnell. Sein Vorteil gegenüber dem Greyhound: Er ist kleiner und dadurch deutlich wendiger in den Kurven.

GEBÄUDE: Wer baut am schnellsten?

Hochhausbau ➡️

Einer chinesischen Baufirma ist es gelungen, ein 15-stöckiges Gebäude innerhalb einer Woche und ein Hotel mit 30 Stockwerken innerhalb von 15 Tagen zu errichten. Wie funktioniert das? Indem nur vorgefertigte Teile verbaut werden, die die jeweiligen Oberflächen schon tragen, also zum Beispiel einen Fußbodenbelag. Auch Fenster und Zwischenpaneele sind genormt. Alle Teile werden in eine Art Metallgerüst gehängt.

Rekordbauzeit

So lange kann es dauern: Die Sagrada Família, eine von Antoni Gaudí

entworfene Kathedrale, wurde am 19. März 1882 begonnen.

Die geplante Fertigstellung ist 2026 – zum 100. Geburtstag von Gaudí.

Neue Herausforderung: Das höchste Gebäude der Welt soll ebenfalls in China innerhalb von sechs Monaten errichtet werden. Burj Khalifa in Dubai, das bislang höchste, hatte eine Bauzeit von sechs Jahren.

Maurerroboter

»Hadrian« mauert, und das mit einer Präzision, die kein Mensch mit Ziegelsteinen hinbekommen würde: Seine Toleranz liegt bei einem halben Millimeter. »Hadrian« ist ein australischer Roboter, der ausgehend von den CAD-Plänen eines Architekten Wände errichtet: Ein Einfamilienhaus mauert er, da er keine Pausen braucht, innerhalb von zwei Tagen.

Megacoaster

Große Achterbahnen werden auch Megacoaster genannt. Der Aufbau dieser Attraktionen ist aufregend: Alle Teile werden in Handarbeit gefertigt. Bis zum Schluss hält die Spannung an, ob wirklich alles passt. Innerhalb von zwölf Tagen hat nun eine Crew bei Belantis eine der riesigen Bahnen aufgebaut. Eine Woche schneller als geplant.

Fertighaus

Die Planungsphase ist bei einem Fertighaus natürlich genauso lang wie bei anderen Häusern. Steht die Planung, müssen die einzelnen Teile des Hauses in einer Fabrik vorgefertigt werden. Sobald diese Vorarbeiten erledigt sind, geht es schnell: Ein Fertighaus steht meist nach zwei bis drei Tagen. In der Theorie ist es also möglich, dass vom Anlegen des Fundaments bis zum Einzug in das Haus nur sechs Wochen verstreichen – in der Praxis dauert es meist länger.

RENNWAGEN

Formel 1

NASCAR

NASCAR steht für National Association for Stock Car Autoracing. Ursprünglich kamen in dieser amerikanischen Rennserie modifizierte Großserien-Fahrzeuge zum Einsatz. Heute ähneln die Fahrzeuge den Serienwägen nur noch, sind aber komplett anders aufgebaut. Der inoffizielle Geschwindigkeitsrekord von 212,089 mph (342,48 km/h) wurde von Bill Elliott mit einem Ford Thunderbird gefahren.

Die höchste jemals in der Formel 1 gefahrene Geschwindigkeit wurde bei einer Testfahrt in Monza gemessen: Der Kolumbianer Juan Pablo Montoya erreichte 372,6 km/h. Das Problem in der Formel 1 sind die Strecken: Es gibt kaum lange Geraden, sodass die Motoren ihre Stärke nicht ausspielen können.

Dieselmotoren

Die schnellsten Dieselflitzer sind in Le Mans unterwegs. 405 km/h erreichen dort die Prototypen, die von den großen Autofirmen gebaut werden. Das allerschnellste Diesel-Fahrzeug heißt »Dieselmax«. Die stromlinienförmige Zigarre hat zwei Motoren mit jeweils 750 PS und fuhr 2006 auf einem Salzsee eine Geschwindigkeit von 529,15 km/h.

Top-Fuel-Dragster

Die schnellsten Rennwagen der Welt: Top-Fuel-Dragster! In weniger als einer Sekunde beschleunigen sie auf 200 km/h. Die Rekord-Endgeschwindigkeit bei einem Dragsterrennen erzielte der Amerikaner Tony Schumacher 2005: Es waren 543,38 km/h. So ein Rennen wird über die Viertelmeile, 402,34 Meter, auf einer geraden Strecke gefahren. Jeweils zwei Dragster treten gegeneinander an. Der Sieger kommt eine Runde weiter.

Burn-out: Vor dem Start machen die Fahrer einen »Burn-out«, sie lassen die Reifen durchdrehen. So bildet sich eine Gummischicht auf dem Asphalt, die beim Start mehr Haftung gibt.

Formel-1-Rekord

Auf einem Salzsee in Utah wurde ein nicht ganz den Formel-1-Regeln entsprechendes

Fahrzeug getestet: Gemessen wurde eine Geschwindigkeit von 413 km/h.

LAUF-Rekorde

Bisheriger Rekord: Im Jahr 1987 war die Strecke in sieben Tagen, einer Stunde und 25 Minuten gelaufen worden. Damit war Birkinshaw 12 Stunden und 25 Minuten schneller. Ein GPS-Tracker hat den gesamten Lauf aufgezeichnet.

Bergläufer

Eine Strecke von 512 Kilometern laufen? Puh, anstrengend! Wenn es 36 Kilometer davon bergauf geht und 214 Gipfel bewältigt werden müssen, dann ist es noch anstrengender. Im nordenglischen Lake District ist Steve Birkinshaw diese Distanz in sechs Tagen und 13 Stunden gelaufen! Das bedeutet pro Tag zweimal die Strecke eines Marathons.

Rückwärts

Hobby-Marathon-Läufer freuen sich über eine Zeit unter vier Stunden. Der Chinese Xu Zhenjun ist den »Beijing International Marathon« komplett rückwärts gelaufen. Seine Zeit: 3 Stunden und 43 Minuten.

Seilrekord

Einen der verrücktesten Rekorde hält Freddy Nock, ein Schweizer

Hochseil-Artist. Er lief das Seil der Bahn hinauf, die auf den höchsten

deutschen Berg, die Zuspitze, führt. Damit hält er den Rekord für den

längsten Hochseillauf ohne Balancestange.

24-Stunden-Lauf

Bei einem 24-Stunden-Lauf geht es darum, innerhalb von 24 Stunden eine möglichst weite Strecke zurückzulegen. Eigentlich ist diese Art Rennen eine besondere Form des Ultramarathons. Bei den Männern liegt der Rekord bei 303,506 km, bei den Frauen bei 252,205 km.

Barfuß

Barfuß über eine grüne Wiese laufen macht Spaß! Längere Strecken barfuß zu laufen, ist enorm anstrengend … Die weiteste Strecke, die ein Mensch bisher innerhalb von 24 Stunden barfuß gelaufen ist: 211 Kilometer. Aufgestellt wurde der Rekord in Neuseeland von Wayne Botha. Er hält auch den Rekord für die schnellsten 100 Barfuß-Kilometer: 8 Stunden und 49 Minuten!

FLÜGELLOS
Turbo-Fliegen

> Fliegender Tintenfisch: Tintenfische können bis zu sechs Meter hoch fliegen.

Schneller als ein Supersprinter →

Sind ozeanische Tintenfische auf der Flucht, dann schießen sie wie kleine Raketen aus dem Wasser, falten zwei flügelähnliche Lappen aus und fliegen in einem 30 Meter langen Bogen über das Wasser. Der Tintenfisch, der *Onychoteuthis borealijaponica* heißt, erreicht dabei eine Geschwindigkeit von 11,2 m/s. Der Supersprinter Usain Bolt läuft dagegen »nur« 10,31 m/s. Indem sie Wasser mit hohem Druck aus einem trichterförmigen Organ, dem Sipho, pressen, werden sie so schnell.

Fliegende Fische

Ungefähr 40 Arten von Fliegenden Fischen gibt
es. Man erkennt sie an zwei oder vier vergrößer-
ten Flossen, die aussehen wie Flügel. Bis zu 45 Zentimeter
können die Fische groß werden. Müssen sie vor Fressfeinden
fliehen, dann heben sie von der Wasseroberfläche mit einer Geschwindigkeit von ca. 16 km/h ab. Mit starr von sich gestreckten
Flossen »fliegen« sie dann bis zu 180 m weit.

Schmuck-baumnatter

Die Schmuckbaumnatter
ist eine asiatische Baum-
schlange, die ähnlich
gut fliegen kann wie ein
Flughörnchen, und das
30 Meter weit. Allerdings
hat die Baumnatter
keine flügelähnlichen
Häute zur Verfügung. Sie
hat eine einzigartige Technik entwickelt: Sie macht sich
flach und schlängelt
sich wie ein »S« durch
die Luft. Mit dieser
Technik kann sie
relativ zielgenau
den nächsten
Baum anpeilen.

Flug über mehrere Etappen

Fallen die Fliegenden Fische auf
die Wasseroberfläche, dann schlagen sie ein paar Mal mit ihrer
Schwanzflosse, um wieder abzu-
heben. Damit gelingt es ihnen,
400 Meter in der Luft zurückzulegen. Diese Flüge
dauern maximal
45 Sekunden.

SPEED-QUIZ

1. Wer ist immer noch eine Vorlage für Cartoons?

a) der Vogel Strauß
b) der Wegekuckuck
c) der Blaufußtölpel

2. Welche Geschwindigkeit können Gabelböcke über zehn Kilometer halten?

a) 65 km/h
b) 10 km/h
c) 90 km/h

3. Welcher Vogel war der erste »Vogel des Jahres«?

a) der Turmfalke
b) der Graufalke
c) der Wanderfalke

4. Welche Beschleunigungs-werte erreicht die Libelle?

a) 25 *g*
b) 30 *g*
c) 35 *g*

5. Welcher Vogel schafft 90 Flügelschläge pro Sekunde?

a) der Kolibri
b) die Taube
c) der Wanderfalke

6. Welcher Fußballer läuft mit Ball am Fuß am schnellsten?

a) Gareth Bale
b) Cristiano Ronaldo
c) Lionel Messi

7. Wie heißt das schnellste autonome Fahrzeug?

a) Manni
b) Rudi
c) Bobby

8. Wer schafft es, den Zauberwürfel in 3,253 Sekunden in seine Ausgangs-stellung zurückzudrehen?

a) ein Roboter
b) ein Mensch
c) der Erfinder

9. Wie viel PS hat die schnellste Baumaschine?

a) 406 PS
b) 504 PS
c) 304 PS

10. Wie werden Rekordflüge im Segelflug geflogen?

a) über eine Strecke von 1000 km
b) in 1000-km-Dreiecken
c) in 1000-km-Vierecken

11. Wie schnell soll der Hyperschalljet von Brüssel nach Sydney fliegen?

a) 3 Stunden 55 Minuten
b) 4 Stunden 25 Minuten
c) 4 Stunden 40 Minuten

12. Wie viele »Freak Waves« rollen pro Woche vermutlich durch das Meer?

a) 1 Welle
b) 3 Wellen
c) 5 Wellen

13. Bei wie vielen Knoten liegt der absolute Rekord im Speedsurfen?

a) 52,05 Knoten
b) 52,27 Knoten
c) 52,74 Knoten

14. Wie viele Noten konnte Liberace innerhalb von zwei Minuten exakt wiedergeben?

a) 4500 Noten
b) 5800 Noten
c) 6000 Noten

15. Wer ist der schnellste Rapper der Welt?

a) Eminem
b) Bushido
c) Jay Z

SPEED-QUIZ

16. Wie werden die besonders schnell fließenden Gletscher genannt?

a) Karggletscher
b) Surge-Gletscher
c) Polythermale Gletscher

17. Wo steht die Wasserrutsche mit dem höchsten Beschleunigungswert?

a) Rimini
b) Cesenatico
c) Jesolo

18. Wie viele Rolltreppenstufen kann man in 24 Stunden laufen?

a) 70 159 Stufen
b) 45 327 Stufen
c) 61 050 Stufen

19. Welches war die höchste jemals in Deutschland gemessene Windgeschwindigkeit?

a) 335 km/h
b) 298 km/h
c) 327 km/h

20. Wer trägt den Namen 380A?

a) ein Flugzeug
b) ein Zug
c) ein Boot

21. Wie viel PS hat der schnellste Truck der Welt?

a) 36 000 PS
b) 28 000 PS
c) 42 000 PS

22. Welche Pflanze wächst am schnellsten?

a) der Hopfen
b) die Brennnessel
c) der Bambus

23. In welchem Jahr wurde der Rekord für die schnellste Fahrt über die Nordschleife am Nürburgring aufgestellt?

a) 1985
b) 1975
c) 1966

24. Welche Geschwindigkeit wurde beim Bobby-Car-Weltrekord erreicht?

a) 100 km/h
b) 150 km/h
c) 130 km/h

25. Wie schnell schlägt der Fangschreckenkrebs zu?

a) mit 76 km/h
b) mit 63 km/h
c) mit 82 km/h

26. Wie heißt das erste solarbetriebene Luftschiff?

a) Lotte
b) Lisa
c) Louisa

27. Wie schnell war die schnellste Schlittenfahrt?

a) 96,57 km/h
b) 100,18 km/h
c) 89,27 km/h

28. Warum läuft ein Gepard bei ähnlichem Körperbau schneller als ein Windhund?

a) Er hat mehr Muskeln.
b) Er hat die bessere Lauftechnik.
c) Er hat kürzere Schrittlängen.

SPEED-QUIZ

29. Wie schnell war das bisher schnellste Dieselfahrzeug?

a) 398,02 km/h
b) 634,17 km/h
c) 529,15 km/h

30. Welches ist die weiteste von einer Frau bei einem 24-Stunden-Rennen gelaufene Distanz?

a) 252,205 km
b) 212,273 km
c) 190,865 km

Bildnachweis

© **Fotolia:** @nt; 02irina; als; Bastos; benik.at; briagin; callipso88; createur; crimson; daskleineatelier; Dennis Donohue; djoronimo; DragonImages; EpicStockMedia; Erni; fieldwork; fotobeam.de; fotosmile777; glacex; Gucio_55; Guido Grochowski; hachri; HildaWeges; hxdyl; Iuliia Sokolovska; Jeff_Rivard; Jenny Sturm; Jürgen Fälchle; justasc; Kletr; koya979; kungverylucky; lazyllama; lesniewski; loya_ya; marima-design; michael luckett; Minerva Studio; moussa81; mozZz; mrstrato; muro; nounours1; Olaf Wandruschka; ots-photo; Otto Durst; Patryk Kosmider; Pavel Losevsky; pixelcaos; readytogo; Ribtoks; Robert Wilson; rook76; SeanPavonePhoto; Sheila; shocky; slotcarshop; Smileus; steuccio79; Tan Kian Khoon; Tanguy de Saint Cyr; valery121283; vichie81; Villiers; voranat; Yael Weiss; Zerophoto

© **Dpa Picture-Alliance GmbH:** epa; dpa – Bildarchiv; dpa – Fotoreport; dpa – Sportreport; epa-Bildfunk; picture-alliance / Actionplus; picture alliance / ANP Frank van Beek; picture alliance / AP Photo; picture-Alliance / ASA; picture alliance / Augenklick/Roth; picture alliance / dpa; picture-alliance/ dpa/dpaweb; picture alliance / kpa; picture alliance/Kyodo; picture-alliance / LAT Photographic; picture alliance / newscom; picture alliance / Photoshot; picture alliance / Reinhard Dirscherl; picture alliance / Universität Jena; Picture-Alliance / Photoshot; picture-alliance / Sven Simon; picture alliance / WILDLIFE

© **gettyimages/thinkstock**

© **Nature Picture Library:** Jeff Rotman; Jurgen Freund; Nature Production; Visuals Unlimited

Sonstige:

© Honda S.11 oben; © 2014 Acton Inc. S. 18 oben; © DLR-Archiv S.20 oben; © Bas de Meijer S.22 unten; © Mercedes-Benz Classic S.28 unten; © Museum Autovision S. 26 Mitte; © Volvo Car Group S. 27 oben; © AUDI AG S. 33 unten; © www.herrenknecht.com S. 34 unten; © Swecon Anläggningsmaskiner AB S. 35 unten; © CERN S. 35 oben; © Forschungszentrum Jülich S. 36 oben; © Ack Attack S. 41 oben; © Kawasaki S. 41 unten; © flashfirejettrucks.com S. 58 unten; © TH Automobile - Sven Thomsen S. 59 oben; © Volvo Trucks S. 59 Mitte; © mms-concept.de S. 66-67; © PG. de ManuFacture by Britze Elektronik GmbH S. 67 Mitte; © Sunswift/University of New South Wales S. 71 oben; © TAO Group S. 71 unten; © Mattro S. 73 Mitte; © Moon Regan Transantarctic Expedition S. 73 oben; © Mercier-Jones S. 75 Mitte; © JCB Power Systems Dieselmax S. 82 unten; © AFP/Hokkaido University/ Kouta Muramatsu S. 86 oben

Es wurde jede Anstrengung unternommen, die Bildnachweise korrekt zu erstellen und die Copyright-Inhaber aller Bilder zu ermitteln. Der Verlag entschuldigt sich für alle unvollständigen Angaben und wird gegebenenfalls Korrekturen in zukünftigen Ausgaben vornehmen.

NOCH MEHR!

ISBN 978-3-8458-0957-1

ISBN 978-3-8458-0743-0

ISBN 978-3-8458-1440-7

ISBN 978-3-8458-1181-9

ISBN 978-3-8458-0728-7

ISBN 978-3-7607-4109-3

ISBN 978-3-7607-6405-4

ISBN 978-3-7607-7931-7

ISBN 978-3-7607-6846-5

ISBN 978-3-7607-8910-1

© 2016 arsEdition GmbH,
Friedrichstraße 9,
80801 München
Alle Rechte vorbehalten
Text: Annette Maas

ISBN 978-3-8458-1436-0

www.arsedition.de